Maria von Treskow
Berliner Kochbuch

Maria von Treskow

Berliner Kochbuch

Aus alten Familienrezepten

Weingarten

Für die Bereitstellung der in diesem Buch wiedergegebenen Fotos danken wir
dem Bildarchiv Preußischer Kulturbesitz, Berlin.

Das Foto auf dem Umschlag zeigt Berliner Dienstmädchen beim Einkauf auf
dem Markt des Friedrich-Karl-Platzes in Berlin-Charlottenburg.
Foto Heinrich Zille, 1900

CIP-Kurztitelaufnahme der Deutschen Bibliothek

Treskow, Maria von:
Berliner Kochbuch: aus alten Familienrezepten/Maria von Treskow. –
Weingarten: Kunstverlag Weingarten, 1987.
  ISBN 3-8170-0008-1

© 1987 by Maria von Treskow
  Kunstverlag Weingarten GmbH, Weingarten
Satz: Fotosatz F. Riedmayer GmbH, Weingarten
Reproduktion: repro-team gmbh, Weingarten
Gesamtherstellung: Gerstmayer Offsetdruck, Ravensburg
Printed in Germany
ISBN 3-8170-0008-1

Inhalt

Liebe Kochbuchleser

die Sie von Genüssen träumen und alles vom Rezept erwarten, täuschen Sie sich nicht! Das Rezept allein entscheidet nicht. Vor den Genuß setzten die Götter bekanntlich die Mühe: den Einkauf, das Quäntchen Küchenarbeit und die Technik des Kochens. Doch nicht nur die Kochkunst bedarf Ihres liebevollen Eifers, auch die rechte Auswahl der Zutaten will verstanden sein, damit sie sich in gesunden und schmackvollen Speisen bezahlt machen. Doch jede Zutat hat ihre eigene Geschichte und jeder Einkauf seine Tücken – doch sie zu meistern macht Vergnügen.

Man nehme!

So steht es im Kochbuch der Großmutter. Man nehme einen großen Hummer! Also macht sich die Enkelin auf zum Fischmarkt. Von den ausgelegten fruits-de-mer wählt sie ein besonders prächtiges Exemplar. „Hier, diesen Hummer bitte!" Die robuste Fischfrau blickt auf. „Das ist eine Languste, meine Dame!" bemerkt sie trocken. „Himmel, wie unterscheidet man denn diese Tiere? Steht nichts darüber im Kochbuch?"

Gehen wir dieser Frage nach, so stellt sich bald heraus, daß wenig oder nichts über die *Auswahl der Zutaten* im Kochbuch steht. Die Autoren verlassen sich auf die hauswirtschaftlichen Erfahrungen ihrer Leser.

Tempi passati!

Wie so viele Traditionen, so ist auch die familiäre Küchentradition verschwunden. Dazu kommt, daß sich auch im Lebensmittelbereich alles grundlegend verändert hat. Jedes Jahr beschert uns neue bearbeitete, kochfertige und

Kaeses Rundfahrt durch Berlin mit dem Kremser
Foto: 1909

irgendwie manipulierte Lebensmittel, die sich weder mit Augen, Mund oder Nase, geschweige denn durch Berühren prüfen lassen. Wie soll sich da jemand auskennen, wie wissen, ob der Inhalt der Packung auch der Aufschrift entspricht? Man muß auf Treu und Glauben nehmen, was man kauft, und hoffen, daß sich die Hersteller an die gesetzlichen Vorschriften halten. Und wo ist noch der hilfreiche, erfahrene Verkäufer, der in Zweifelsfragen zur Hand war?

Gewiß, die modernen Käufer verstehen sich aufs Etikettlesen, sie kennen Standard und Grad der Ware. Sie greifen bewußt zur arbeitssparenden Tiefkühlkost, sie achten auf Vitamine und sind auf schlanke Linie bedacht. Seit der weltweiten Rezession vergleichen sie auch sorgsam Preis und Qualität.

Aber die wirtschaftlichen Strukturveränderungen hatten neue Eßmoden zur Folge. Als die sogenannte „Freßwelle", die das reiche Angebot langentbehrter Leckerbissen auslöste, ihre schlimmsten Folgen gezeitigt hatte, besannen sich die Menschen auf die Ernährungsprinzipien, die kluge Ärzte wie Dr. Bircher-Benner in Zürich und Dr. Lahmann auf dem „weißen Hirsch" bei Dresden in früheren Jahren aufgestellt hatten. Moderne Ernährungsforscher trugen dazu bei, daß sich ein neuer Begriff von gesunder Ernährung durchsetzte. Nun entstand eine richtige „Gesundheitswelle". Wie so oft überschlug sich auch diese Welle. So wurden auch etliche Dinge vom Speisezettel verbannt, die – mäßig genossen – durchaus gut sein können.

Andererseits verführt jetzt die große Reiselust zu fremden Küchen, und Hand in Hand damit steigert sich der Verbrauch von Gewürzen und Küchenkräutern; heute gibt jeder Haushalt in der Bundesrepublik 12 – 15 DM jährlich dafür aus. Stellt sich da ein alter Fehler der Deutschen ein – bereits 1838 sagte der Arzt Gustav Blumenröder: „Der Deutsche neigt zu stark zum Überwürzen, Untermischen und -mengen und erreicht dadurch die unmöglichsten Compositionen, die eines Feinschmeckers unwürdig sind!" – oder deutet das starke Würzen Überdruß an den modernen einheitlichen, aber geschmacklosen Zutaten an? Es wäre nicht das einzige Anzeichen eines Stimmungsumschlages. Lange Zeit nach dem letzten Krieg haben die Deutschen rundweg alles abgelehnt, was mit der Vergangenheit zu tun hat. „Nun, da die Zukunft mehr und mehr an suggestiver Kraft eingebüßt hat und ihre Schrecken größer anmuten als ihre Verheißungen, scheint es, als wendeten viele Menschen ihr Gesicht wieder nach rückwärts, der Vergangenheit zu", so formulierte es der Schriftsteller Joachim Fest in einem Vortrag vor dem Kulturkreis des Bundesverbandes der Deutschen Industrie. Man kann nicht übersehen, daß auch die Kochkunst von dieser nostalgischen Welle erfaßt worden ist und das Interesse an alten Küchen ständig zunimmt. Hier ist ein erster Ausdruck:

In der Zeit vom Erntedankfest 1962 bis zum Dreikönigsabend 1963 führte eine Ausstellung in New Orleans am Mündungsdelta des Mississippi die „Delights of the Bountiful Table", also die Lust an einer üppigen Tafel vor Augen. James B. Byrnes, der Direktor des „Isaac Delgado Museum of Art", schrieb im Vorwort des liebevoll redigierten Katalogs der Ausstellung: „Es ziemt sich wohl in diesen Tagen, da Amerika fast gänzlich den Gefrierpackungen, den Niedrig-Kalorien-Gerichten in Dosen und den Eipulvern zu verfallen scheint, sich daran zu erinnern, daß New Orleans noch heute für die ungebrochene Tradition seiner Küche und seiner anmutigen Lebensweise berühmt ist." Niemand konnte sich dem Charme der niederländischen „stilleven", der französischen und italienischen „natures mortes" und spanischen „bodegones", die die Lust an einer reichen Tafel so unmittelbar vor Augen führten, entziehen.

Ein weiteres Symptom:

Der Reisende, der Frankreich in den letzten Jahren besuchte, mußte sich sagen, daß die Franzosen die eigene Kochkunst nicht mehr würdigten, denn wohin sein Blick fiel, sah er russische, malaiische, chinesische, italienische oder spanische Gaststätten.

Doch es ist noch nicht lange her, da öffnete plötzlich ein neues Restaurant seine Pforten unter der Devise: „Avec des recettes de grand-mère faisons une cuisine nouvelle!"

Voila! La cuisine de grand-mère hat die summarische Abwertung alter Küchen überlebt und feiert fröhliche Urständ mit der „cuisine nouvelle".

Doch wie es scheint haben selbst die französischen Hausfrauen die traditionelle Einkaufskunst ihrer in dieser Kunst so erfahrenen Mütter verloren. Da liest man in der bekannten französischen Zeitschrift ELLE: „Damit einfache Gerichte und delikate Rezepte gut gelingen, muß man zuerst einmal „savoir faire son marché" – einzukaufen verstehen. Unseren Großmüttern war diese Kunst noch geläufig; selbst die, die in der Stadt wohnten, hatten das grundsätzliche Wissen einer guten ländlichen Hausfrau, die über Frische, Zartheit, Reife und Qualität der erdgewachsenen Erzeugnisse Bescheid wußte, noch nicht vergessen. Wir, wir haben alles vergessen, selbst den Rhythmus der Jahreszeiten. Wir kaufen alles, alles das ganze Jahr über und sind dann erstaunt, wenn die Tomaten keinen Geschmack und die neuen Kartoffeln einen hohen Preis haben."

Auch die bekannte englische Kochbuchautorin Elizabeth David, „die eine ganze Generation mit ihren Kochbüchern begeistert und beeinflußt hat", fragt: „Wie oft bekommen wir während der Saison der grünen Erbsen, die ziemlich lange dauert, diese wirklich delikaten, frischen, zuckrigen grünen Erbsen zu essen? Ist das so, weil die Auslese der Erbsen in die Fabrik geht und nicht auf den Markt kommt, so daß wir sie nicht kaufen können, oder weil die Leute nicht mehr wissen, wie man sie auspalt und kochen muß oder überhaupt vergessen haben, wie sie schmecken?"

Ich fürchte, daß diese Frage sehr oft mit Ja beantwortet werden muß.

Es verhält sich nämlich so: bessere wirtschaftliche Verhältnisse bringen nicht nur Erleichterung für die Hausfrau, sie wirken sich in manchen Fällen auch nachteilig auf die Küche aus. Durch den weitgehenden Verbrauch der fabrikmäßig hergestellten Lebensmittel hat sich das Geschmacksempfinden der Verbraucher allmählich so den neuen Erzeugnissen angepaßt, daß sie den Geschmacksunterschied zu den Speisen, die aus natürlichen Zutaten bereitet worden sind, kaum noch empfinden; so verlor sich auch ihr Interesse an den natürlichen Zutaten. Heute, da man sich wieder auf die Küche des 19. Jahrhunderts besinnt, haben nur noch wenige moderne Hausfrauen die Grundelemente dieser Küche so im Griff wie die Großmütter.

Hoffen wir also, daß die Nostalgiewellen nicht nur Zweifel am Heutigen und Saudade nach dem Vergangenen mit sich bringen, sondern auch die Überlegung, wieso eine kluge Großmutter so gut und schmackhaft kochte.

Bei den nachfolgenden Rezepten handelt es sich um die authentischen Rezepte des alten Kochbuchs. Sie sind mit einigen Ausnahmen für vier Personen gedacht.

Friedrichsgracht Ecke Sperlingsgasse, von der Jungfernbrücke aus gesehen
Foto: 1909

Berliner Präludium

Die Küche am Hof des Preußenkönigs Friedrich Wilhelm I. hatte keinen guten Ruf. Sie verdankte das in erster Linie der Markgräfin von Bayreuth, die sich in ihren vielgelesenen Memoiren bitter über die Mahlzeiten am väterlichen Hofe beklagte. Da fürstliche Hofhaltungen zu dieser Zeit noch als Vorbild galten, so litt die Berliner Küche manchmal unter dem Ruf der Küche ihres Souverains. Doch der Geschmack ändert sich, und mehr als 200 Jahre später sehen wir die Dinge anders an. Es ist ja bekannt, daß der Soldatenkönig ein äußerst sparsamer Herr war, der auch seinen Hofköchen gelegentlich auf die Finger sah. Jedoch die Anekdote, die besagt, daß der König behauptet habe, er könne am Geschmack eines gebratenen Rebhuhns den Jagdort des Vogels erkennen, läßt immerhin auf einen – trotz Tabakkollegium – noch untrüglichen Geschmack schließen. Wir wissen ferner, daß die Hofköche strengen Befehl hatten, ausschließlich mit den Produkten zu kochen, die die preußischen Domänen liefern konnten. Alle Zutaten kamen somit aus demselben Wuchsgebiet, die Voraussetzung einer Harmonie, auf die die „Nouvelle cuisine" heute so großen Wert legt.
Der Leser möge selbst urteilen. Hier ist die Speisenfolge, die die Hofküche am 17. Juli 1735 bereitet hat. Sie zeigt eine Vielseitigkeit der Agrarproduktion, die der preußischen Domänenkammer alle Ehre macht.
Das Mahl begann mit einer Kalbfleischsuppe, in der Hechtklößchen schwammen, es folgten kleine Kalbfleischstücke mit Weißkohl, gestovte Erbsen mit Hammelkarbonaden, Spreekarpfen mit Kirschmus, Zander mit Senfsauce, Krebse (die aus dem Oderbruch galten als vorzüglich und wurden sogar nach Schweden ausgeführt) mit Butter und Petersilie, Frikassee von jungen Hühnern mit frischen Champignons, mariniertes Rindsmaul mit Rinderfüßen und Hammelbraten mit Gurken.
Auch das Mahl der Königin Sophie Dorothea, die in ihren Gemächern speiste,

war recht ansehnlich: Damhirschrücken, drei gebratene Hühner auf moskowitische Art, farcierte Hammelkarbonaden, gespickte Kalbsfricandeaus mit Champignons, Giebeln mit dicker Butter und Majoran, farcierte Semmeln mit Pflückhecht und Krebsschwänzen, zwei Teller mit je zwei Pfund Kalbsbrösen, gedämpfte Erbsen, Salat und frische Heringe.

Unter der Regierung des Bruders der Markgräfin sah die königliche Tafel allerdings anders aus. Friedrich der Große war ein Gourmet und zugleich ein starker Esser. Von seinem französischen Koch, Noël de Périgueux, den er persönlich sehr schätzte, erwartete er nicht weniger als acht Platten auf seiner täglichen Tafel, darunter seine schwer verdaulichen Lieblingsspeisen. Diese gut gewürzten Gerichte pflegte der König stark nachzuwürzen. Den verständlichen Durst löschte er mit französischen Weinen, unter denen er den Sancerre von der Loire bevorzugte, der so gut zu seiner geliebten Aalpastete paßte.

Zweifellos hat sich manches vornehme Berliner Haus an den Kochkünsten des berühmten französischen Küchenchefs seines großen Königs orientiert.

Auch der Neffe, der 1772 in Schloß Friedrichsfelde geborene Prinz Louis Ferdinand – Napoleons Kurier Marcellin de Marbot schrieb: „Prinz Louis war ein wunderschöner Mann und der einzige der ganzen königlichen Familie, der in Bezug auf Geist, Begabung und Charakter einigermaßen an den großen Friedrich erinnerte." – hatte trotz der bescheidenen Hofhaltung, die ihm sein Vater erlaubte, einen französischen Koch. Ein Abendessen, das dieser La Notte bereitete, mutet uns heute gar nicht so bescheiden an, doch zu jener Zeit waren 4 Gänge und vorzüglich Fleischgerichte eben nichts Außergewöhnliches. Folgende Speisen kamen auf die prinzliche Tafel: Hecht en fille mit Weinsauce, junge Hühner mit Champignons, Blumenkohl mit Parmesan und gebratene Lendchen.

Es ist anzunehmen, daß dieser La Notte aus einer der zahlreichen Hugenotten-familien kam, die bald nach der Aufhebung des Edikts von Nantes (1685) in Preußen ein Asyl gefunden hatten. Es war das Glück der Berliner, daß sie in der großen „Colonie", die sich um das Palais Monbijou gebildet hatte, Vertreter eines so kochbegabten Volkes in ihren Mauern aufgenommen haben. Ihr Einfluß war bald in Küche und Garten bemerkbar. Auf dem Markt gab es nun den bisher unbekannten Wirsingkohl (Welschkohl), und der sandige Beelitzer Boden lieferte jetzt vorzüglichen Spargel. Die vor der Revolution geflüchteten

Blick von der Zeughausstraße über die Schloßbrücke auf das Schloß
Foto: 1898

Franzosen verstärkten den französischen Einfluß in Berlin, und schließlich brachte auch mancher tapfere Gardist, der im siebziger Krieg in französischem Quartier gelegen hatte, einen Gusto für den pot-au-feu mit nach Hause. Das war einmal eine freundliche Seite des Krieges.

Fast über Nacht wuchs Berlin zur Großstadt an. Die westlichen Vororte, die früheren Dörfer Rixdorf, Steglitz, Friedenau, Schöneberg und Wilmersdorf erstreckten sich nun weit in die Mark. Viele Familien, die aus den Provinzen in die Hauptstadt übersiedelten, hielten an ihren heimischen Speisen fest. Es dauerte nicht lange, da hatte Berlin eine Reihe von Gerichten mit den östlichen und nördlichen Provinzen gemein. Auch die Berliner aßen nun Königsberger Klopse, Leipziger Allerlei und lernten sogar Thüringer Klöße zu bereiten. Mitunter trug auch die in der Provinz beheimatete „Perle" etwas aus der mütterlichen Küche bei. Für die feinere Küche griff die Berlinerin gern zu ihrer „Davidis". Der kategorische Imperativ „Man nehme!" sprach eine ihr vertraute Sprache. Für sie brauchte es keinen „Haferlgucker", ein Amt, das Kaiser Leopold I. geschaffen hatte, um den Küchenaufwand seiner Wiener einzudämmen, nein, die Berlinerin kochte jetzt zwar etwas vielseitiger als früher, doch Sparsamkeit an sich, Mäßigkeit im Essen und Trinken entsprachen ihrer und der damaligen gesellschaftlichen Einstellung. Ausnahmen, die in einer so großen Stadt gewiß nicht fehlten, tolerierte sie mit ihrem einzigartigen Witz.

Eine Bewirtung, wie sie Theodor Fontane, der unübertroffene Chronist der Berliner um die Jahrhundertwende, in seinen Swinemünder Jugenderinnerungen schildert, unterscheidet sich gewiß nicht von ähnlichen Festlichkeiten im Berlin der damaligen Zeit.

„Ich habe weiter oben von der Kochkunst der guten Frau Gaster gesprochen, aber dieser Kochkunst unerachtet war die Bewirtung eigentlich einfach, namentlich gemessen an dem Raffinement, das jetzt bei einigen Gastmählern vorherrscht. Einfach sage ich und dabei stabil. Keiner wollte zurückbleiben, aber auch nicht über den anderen hinausgehen. Auf die Suppe folgte ein Fisch, dann (feststehend) Teltower Rübchen mit Spickgans, dann ein ungeheurer Braten und zum Schluß eine süße Speise samt Früchten, Pfefferkuchen und Königsberger Marzipan. Eine fast noch größere Einfachheit herrschte hinsichtlich der Weine: nach der Suppe wurde Sherry gereicht, dann aber trat ein Rotwein von mäßigem Preis und mäßiger Güte seine Herrschaft an und hielt sich bis zum Kaffee. Das Besondere, das diese Festlichkeiten hatten, lag aber nicht im Materiellen, sondern, sonderbar zu sagen, in einem gewissen geistigen Element, an dem Ton, der herrschte…"

Einige Berliner Häuser fielen, wie Fontane richtig bemerkt hat, durch Raffinement aus dem Rahmen des Üblichen. Das war bei einer so jäh gewachsenen Stadt und bei einer verhältnismäßig schnell reich gewordenen Bevölkerung auch nicht anders zu erwarten. Es war eine Zeiterscheinung, auf die zweifellos auch die traditionell gepflegte und üppige Küche der jetzt stärker hervortretenden jüdischen Oberschicht Berlins Einfluß ausübte.

Es kam die Gründerzeit und mit ihr wurde Berlin mondän. Neue Hotels und Luxusrestaurants schossen wie Pilze aus dem Boden. Jetzt wären Effi Briest und ihre Mutter kaum noch im Hotel du Nord abgestiegen und hätten an der Table d'hôte teilgenommen. Jetzt wohnten sie wahrscheinlich im Hotel Bristol Unter den Linden und dinierten an einem kleinen Tisch. Auch Onkel Kurt Anton, Herr auf Witzendorf in der Neumark, lud seinen Neffen, der bei der Garde stand, nicht wie bisher zu Borchardt ein, jetzt dejeunierten sie bei Hiller. Die Herren von den Ministerien machten ihren Frühschoppen bei Huth „Potsdamer Straße, die kleine Holztreppe hinauf, unten ist ein Blumenladen", und die gut bürgerliche Gesellschaft speiste, wenn nicht bei Kempinski, so bei Mitscher in der Französischen Straße und gustierte sich bereits an exotischen Importen. Jeder Vorort hatte sein kleines Schlemmerlokal und weit draußen am schönen Wannsee speiste man im „Schwedischen Pavillon" so exquisit, daß sich die Weltberühmtheit von Horchers Küche ahnen ließ.

„Die Grenzen, die in früheren Jahrzehnten durch mangelhafte Verkehrs-verhältnisse und technisch unvollkommene Transportmittel gezogen waren, sind verwischt und heute hindert den Gourmet nichts, sich an Wild-, Frucht- und Gemüsearten fremder Kontinente zu delektieren", schrieb der Hoflieferant Julius Fehér im Vorwort zu seiner Zusammenstellung exotischer Gerichte. Zwei Menus aus seiner Stadtküche beweisen es:

Dejeuner-Menu

Grape-Frucht auf kalifornische Art

——

Hühner-Okra-Suppe

Känguruh-Schwanz grillé Helianthipüree

——

Kalbskotelette Kapuziner-Salat

——

Crêpe Parisienne

——

Käse

Dejeuner-Menu

Kalte Auerhahnkraftbrühe

———

Zanderschnitten à la Florentine (Spinat-Unterlage)

———

Perlhuhn à la Birma mit Reis, Bacon und Tomate

———

Kaki-Crème-Torte

———

Käse

Doch so willig die Berliner mit der Zeit gingen, so treu hielten sie auch an ihren alten Kneipen fest. Nicht nur Droschkenkutscher verkehrten im „Pantinenkeller", auch mancher Gent, der die Nacht durchgekneipt hatte, trieb den Teufel mit Beelzebub aus, pflegte seinen Kater mit einigen „Hellen" und langte sich eine kalte Boulette, ein Solei oder eine saure Gurke von der Theke.
Unzählige Studenten haben ihren Hunger mit Aschinger's kostenlosen Schrippen und einer Berliner Bockwurst mit viel Mostrich gestillt, wenn sie es nicht vorzogen, die berühmte Erbsensuppe im „Strammen Hund" zu löffeln.
Die behenden Berlinerinnen, die jetzt „jottwede" in den Vororten wohnten, scheuten keinen Weg in die Innenstadt von Berlin, wenn es galt, eine Aussteuer bei Goschenhofer auszuwählen oder Weihnachtsgeschenke bei Rudolf Herzog in der Breiten Straße (auch der beliebten Agenda halber, die es dort zu Weihnachten gab) einzukaufen. Sie benutzten dann die Gelegenheit, um rasch noch ein Päckchen Tee in dem uralten Teelädchen „zwischen Rotem Schloß und Ermeler-Haus" und den altgewohnten Kaffee bei Lutze in der Heilig-Geist-Straße, wo noch immer der Ebenholzneger mit dem Kaffeetablett im Eingang stand, mitzunehmen. Dann hatten sie guten Grund, sich mit einer köstlichen Sandtorte in der Konditorei von Hilbricht in der Leipziger Straße zu stärken oder sich einen gedeckten Apfelkuchen mit Schlagsahne im Café Schalehn am Lützowplatz, wo schon die Mütter „kaffetert" hatten, zu Gemüte zu führen.
Unsere Erinnerungen an Berlin umfassen einen Ausschnitt dieser Stadt, den der heutige Besucher nicht mehr finden würde, und einen Zeitabschnitt, den

Im Gartenlokal „Zum alten Askanier" in der Anhaltstraße 14
Foto: Piepenhagen, 1911

man einmal „die gute, alte Zeit" nannte, ihn dann aber als zu üppig und ungesund ablehnte und ihn völlig aus dem Gesichtsfeld verbannte.

Doch bedenken wir: hinter jeder Verallgemeinerung liegt die unendliche Verschiedenheit des Details. Auf sie kommt es an; zusammengefaßt ergeben sie erst das rechte Bild.

In dem nun folgenden Detail wird der Leser in den kulinarischen Jahresablauf einer Berliner Küche um die Jahrhundertwende eingeführt. Er wird erfahren, daß es sich keineswegs um eine Saga von aufwertiger Küche, sondern um die Geschichte einer guten Hausmannskost handelt, deren Tradition eng mit preußischer Art und Sitte verbunden war.

Sobald die Kirchenglocken das Ende des Silvestergottesdienstes angezeigt hatten, begann in der Küche die Zubereitung der Karpfen, die bald darauf auf dem festlichen Tisch erschienen. Nie fehlte auch die große Schüssel mit den Mohnpielen, die zur Tradition der Silvestermahlzeit gehörte, verhießen doch Mohnkörner und Karpfenschuppen im Portemonnaie ein gutes, auch in finanzieller Hinsicht, glückliches Jahr.

Mit Berliner Pfannkuchen, Knallbonbons und einem vom Hausherrn bereiteten Punsch ging das alte Jahr zu Ende.

Nach diesen in heißem Schmalz gebackenen Pfannkuchen mit der echten Pflaumenmusfüllung roch es auch zur Fastnacht in allen Berliner Küchen.

Ein paar Wochen später fegten Portiers den letzten nassen Schnee vor den Haustüren fort, und schon ging es auf Ostern zu. Die Vorbereitungen nahmen eine ganze Woche in Anspruch. Gleich nach dem Palmsonntag schleppte die alte Spandauer Eierfrau die nötigen Eier für die Kuchen herbei. Stück für Stück zählte sie die Eier aus ihrer großen Kiepe ab : 15 Stück die Mandel und ein Ei gab sie zu jeder Mandel zu.

Am Gründonnerstag häufte sich das Grünzeug für die an diesem Tag fällige Sauerampfersuppe und das übliche Spinatgericht in der Küche an. Doch im großen Waschzuber sprang bereits ein munterer Hecht oder Zander, der für den Karfreitag bestimmt war. Kein Berliner, ob katholisch oder uniert, hätte an diesem Tag ein Stück Fleisch aufgetischt bekommen.

Zum Auftakt des Ostersonntags mußte jedes Hausmitglied erst einmal einen Apfelschnitz verzehren, sichere Garantie gegen jeden Fieberanfall während des Jahres. Schon duftete der gute Lutze-Kaffee durchs Haus, und Berge von

Kaufhaus Tietz in der Leipziger Straße
Foto: um 1912

Butter- und Streuselkuchen warteten auf die hungrigen Kindermägen. Dann ging es ans Ostereiersuchen, an dem selbst die „aufgeklärten" älteren Söhne gern teilnahmen, handelte es sich doch um die beliebten Schokoladeneier von Hildebrand und die noch begehrteren Nougateier aus dem Konfektlädchen der Hugenottenfamilie Zocher, das nur noch die alten Berliner kannten.

Ach, für wie dumm hielt man das kleine Mädchen, als es Tage nach dem Fest ein kleines Vogelei anbrachte, weil es annahm, es wäre ein vergessenes marmoriertes Zuckerei vom Osterhasen.

Der Himmelfahrtstag war der Tag der Herrenpartien. Schon am frühen Vormittag ratterten sie in buntgeschmückten Kremsern, wohlversehen mit einem Fäßchen Bier und dicken Stullenpaketen, am Garten vorbei. Blieb das Wetter warm, so zogen die Berliner sonntags ins Freie. „Alle möglichen Plätze wurden erwogen: Erkner und Kranichberge, Schwilow und Baumgartenbrück...", aber schließlich blieb es bei Pfaueninsel, Schildhorn und Pichelsberge. Wo das Schild: „Hier können Familien Kaffee kochen!" den rechten Weg wies, da wurde Halt gemacht. Mütter und Tanten verzogen sich zum Kaffeekochen und erschienen bald darauf mit den großen weißen Kannen. Kuchenpakete wurden aufgemacht, Mutter schnitt den „Abgeriebenen" an und der männliche Teil der Familie rief nach einer „Weiße mit Schuß" und dem dazugehörigen Kümmel.

Auch die Spandauer Bock-Brauerei, die alltags die Stadt auf ihren schweren, von herrlichen Percherons gezogenen Wagen mit den großen Bierfässern versorgte, war ein beliebtes Ausf, ugslokal. Der „blaue Anton", eine letzte Pferdebahn, war schon am Vormittag „knüppeldickevoll" und bekam den Westender Berg hinauf einen Vorspann.

Im Laufe des Nachmittags erschien dann ein strammer Wilhelm oder Friedrich, der gerade bei den „Elisabethern", dem Garderegiment, das in Charlottenburg lag, diente, ein großes frisches Kommisbrot unter den Arm geklemmt, das er in der Küche, in der Marta oder Anna bereits in vollem Staat auf ihn wartete, gegen den üblichen Obolus ablieferte. Alle Kinder zogen eine Kommisbrotstulle, besonders wenn sie mit Gänseschmalz bestrichen war, jedem Kuchen vor.

Bei den Kindern war besonders ein Ausflug mit dem Vater zum Teufelssee beliebt. Nicht nur konnte man in dieser Abgelegenheit noch Walderdbeeren und Pfifferlinge finden, es war auch höchst aufregend, Meister Hildebrand zuzusehen, wie er einen der alten Mooskarpfen mit Speer und Netz aus dem stillen dunklen Wasser holte. (Leider schmeckten die alten Burschen oft recht moorig).

Auf dem Rückweg, der am alten Selbstmörderkirchhof vorbeiführte, an dem das verblichene Schild „Wanderer, der Du nahst dieser Stätte, schone die

Steine, die Liebe gesetzt den Toten!" mahnte, überkam das kleine Mädchen das Grauen.

Im kulinarischen Jahreswechsel machten sich natürlich auch die Familienfeste bemerkbar. Einige Tage vor dem Kindergeburtstag pflegte die Mutter „Was möchtest Du wohl an Deinem Geburtstag essen?" zu fragen. Bei den vielen Lieblingsgerichten wurde die Wahl zur Qual, und vor lauter Aufregung blieb es fast immer bei Kalbskotelett und Apfelcharlotte. Die an Erfahrungen reiche Mutter hielt nicht viel von der Mandarinenspeise des Hofkonditors Rabien in Potsdam, die bei den Kindergesellschaften befreundeter Familien üblich war. Sie bestand aus kleinen, mit „Halbgefrorenem" gefüllten Mandarinenschalen. Wenn die Kinder den Inhalt ausgelöffelt hatten, wurden die mitgelieferten mit Alkohol getränkten Zuckerstückchen angezündet, und unter lautem Jubel spritzten die Kinder das feine Öl der Mandarinenschalen in die aufleuchtenden Flämmchen. Nein, dieses sogenannte chinesische Feuer liebte die Mutter durchaus nicht, sie bevorzugte eine „Petits-fours"-Torte von Hilbricht, bei der sich jedes Kind nach seinem Gusto einen Mohrenkopf, ein kleines Baiser, ein Fruchttörtchen oder eine bekrönte Makrone aussuchen konnte. Dem Geburtstagskind stand das geheimnisvoll verpackte Mittelstückchen zu.

Die sich langsam rötenden Ahornblätter des Gartens zeigten den nahenden Herbst an. Von den Spaliers wurden die ersten Winterbirnen abgenommen. Einige davon bereicherten den großen Rumtopf im Keller. Ende September war es dann Zeit für die Gravensteiner und Kláräpfel, die besonders vorsichtig gepflückt werden mußten, damit sie ohne Druckstellen in die Obsthorden auf dem großen Boden kamen. Dann waren die grünen Walnüsse an der Reihe. Sie füllten einen großen Waschkorb und warteten darauf, daß man sie aus ihren grünen Schalen befreite, eine Arbeit, die tagelang schwarze Finger zur Folge hatte. In dieser Zeit roch es würzig süß nach Fliederbeeren in der großen Küche, galt noch Holundersaft als Allheilmittel für alle Erkältungen.

Von Vitaminen sprach man noch nicht.

Eines Tages hieß es: „Heute fahren wir zu den Zillen!" Mühsam hatte der kleine Schlepper drei oder mehr dieser flachen „Äppelkähne" über Elbe, Havel und Spree herangezogen. Jetzt lagen sie in den Grachten und erfüllten die kleinen Uferstraßen mit dem Duft des böhmischen Obstes.

Nach langer Fahrt, am Charlottenburger Schloß vorbei, durch den Tiergarten und die Straße „Unter den Linden!" bog der Wagen über die große Schloß-brücke ab und gleich darauf dröhnten die Pferdehufe auf der alten Zugbrücke über die Friedrichsgracht. Nach der Wiedersehensfreude mit der böhmischen Familie Stoy füllten sich die mitgebrachten Körbe mit Cox-Orange-Reinetten,

Goldparmänen, Schöner von Boskop, Jonathan und den mürben Hasenköpfen, in denen die Kerne raschelten. Alles gute Winteräpfel, die bis ins Frühjahr hielten. Ein Korb mit Obst und Nüssen kam ins Schildlersche Waisenhaus hinauf, in dem der Vater die Jugend verlebt hatte.

Nun war auch das Weihnachtsfest nicht mehr fern. Im Schlüsselkörbchen der „Perfekten Köchin", wie die Mutter – in Anlehnung an ein Gedicht von Clemens von Brentano – liebevoll von den Ihren genannt wurde, häuften sich die Erinnerungszettelchen an die vielen Zutaten, die die kommenden festlichen Mahlzeiten mit den zahlreichen Gästen erfordern würden.

Jetzt konnte man so recht sehen, daß Berlin auch in kulinarischer Hinsicht ein Mittelpunkt geworden war. Aus Thorn trafen die großen, im tütenblauen Papier verpackten Pfefferkuchen ein, aus Königsberg das früchteverzierte, mit karamelisierten Mandeln und Zucker dekorierte Marzipan. Die Konditorei von Emma Kluge in Kottbus sandte den traditionellen Baumkuchen, und von den pommerschen Gütern stellten sich Festgaben in Gestalt von selbstgeräucherten Würsten und Spickgänsen ein. In Erinnerung an einen Abschnitt in ihrer Jugend, den sie in Swinemünde verbracht hatte (daher klangen ihren Kindern so viele Namen aus Theodor Fontanes „Meine Kinderjahre" so seltsam vertraut), bestellte die Mutter in jedem Jahr ein Fäßchen Preiselbeeren bei der in der kleinen Hafenstadt wohlbekannten „Lina Müller, Witwe". Es landete neben einer großen Dose mit Ostsee-Neunaugen aus Kolberg im kühlen Keller. Im Zuge des weihnachtlichen Geschenkaustausches erschien auch eine hübsche runde Dose mit einem „Knüppelkuchen" von der Waterkant, etwas Spezielles für den Hausherrn, das den von ihm bereiteten Punsch begleiten sollte.

In den reich mit Tannengrün ausgeschmückten Berliner Läden lagen nun die Dresdner Christstollen aus, aber „Die perfekte Köchin" ließ es sich nicht nehmen, ihre Weihnachtsstollen nach altem Rezept selber zu backen.

Aber nicht nur aus Deutschland kamen die weihnachtlichen Genüsse: Apfelsinen, Mandarinen, Paranüsse und Traubenrosinen gehörten schon seit Jahren zum Berliner Weihnachtsteller. Nur die Kistchen mit den Feigen aus dem Algarve, den portugiesischen Elvas-Pflaumen und den marokkanischen Datteln, ganz besonders aber die bezaubernden Ingwer-Pöttchen aus dem fernen Osten hatten noch den Reiz der Fremde.

Sonntagsausflug nach Werder zur Baumblüte
Foto: um 1900, Otto Haeckel

So gern „Die perfekte Köchin" etwas Neues ausprobierte, so liebevoll sie allen Wünschen ihrer Kinder entgegenkam („Sie verwöhnt die Kinder schrecklich", sagten die lieben Freunde), vor Weihnachten behielt sie die Füße auf der Erde. Zuerst kamen die traditionellen Weihnachtsgerichte. Zwar hatte sie den Kindern schon die Konzession eines Plumpuddings gemacht, der fix und fertig in der Speisekammer auf sein flammendes Erscheinen wartete, doch nun hieß es an die vielen Zutaten für die große Schüssel mit Heringssalat denken, der die Küchenarbeit in den Festtagen verringern sollte; die Silvesterkarpfen mußten bestellt werden und dann die Weihnachtsgans!

Was mußte bei ihrem Kauf nicht alles bedacht werden! Eine runde Brust, weiße Haut und biegsame gelbe Füße waren Voraussetzung. Auf keinen Fall durfte das Federvieh mehr als 18 Monate zählen. Nicht zu fett und wiederum fett genug sollte die Gans sein, damit die Liebhaber von Gänseschmalz mit Äpfeln nicht enttäuscht würden. Kurzum, es war ein Problem! So prominente Ereignisse wie der Kauf einer Weihnachtsgans verankern sich in der Erinnerung. Es wäre ein Leichtes, den Lesern ein Bild der kleinen, würdigen, hoch belesenen Großmama zu geben, die den Schülerinnen der Mädchenschule, die sie in ihrer Jugend in Swinemünde geführt hatte, neben der Schulweisheit auch den richtigen Einkauf für den zukünftigen Haushalt beigebracht hatte. Sie selbst war schon früh von ihrem Vater – ich sehe ihn noch deutlich auf dem verlorenen Gemälde, den gestrengen Herrn Kreisphysikus von Swinemünde, den Stock mit dem Elfenbeinkopf in der Hand steht er vor mir – auf die Wichtigkeit der Zutaten für die menschliche Ernährung hingewiesen worden. Jahre später, als sie mit ihrem nunmehr emeritierten Ehemann in der Nähe des Charlottenburger Schloßes wohnte, schrieb sie ihre Erfahrungen mit Zutaten nieder und vermachte das Büchlein ihrer Enkelin. Ihre Tochter war einmal Zeugin, wie sie nicht zögerte, die Weihnachtsgans in dem benachbarten jüdischen Laden einzukaufen, weil ihr die ausgestellten Gänse so viel besser erschienen als die mageren polnischen Gänse auf dem Markt.

Doch „Das meine Lieben ist ein zu weites Feld!" läßt Theodor Fontane den alten Briest in seinem Roman „Effi Briest" sagen.

Die nun folgenden Rezepte hatte „Die perfekte Köchin" eigentlich nur als Erinnerung an vergangene schöne Tage aufgeschrieben. Sie selbst kochte mit Fingerspitzengefühl; sie verwendete stets die besten Zutaten und schmeckte die Ingredienzien so ab, daß die Speisen das „Gewisse Etwas" hatten, das man so oft vergeblich sucht. Vor allem aber verstand sie sich auf die kleinen Beigaben: das heiße Käsebrötchen zur sonntäglichen Bouillon, die Muschel mit dem pikanten Fisch- oder Fleischragout, den gartenfrischen Salat, der bald durch ein paar knackend frische Gurkenscheibchen, bald durch einige frühlingserste Radieschen verlockender erschien, alles Dinge, die der Hausmannskost den Stich ins Luxuriöse gaben.

Die Fahrt in die Zentralmarkthalle am Alexanderplatz war ihr nicht zu weit, weil es nur dort die besonders feinen Hammelkotelettchen gab, die gerade recht für den Magen eines überarbeiteten Ehemanns waren, und es nur dort die richtigen Kräuter gab, die wie das Maikraut nun mal nicht unter Grunewald-fichten und Kiefern gedeihen wollten. Doch als die kleine Tochter sie einstmals nach einer Maßangabe fragte, antwortete sie etwas ungeduldig: „Aber Kind, Du hast doch gesehen, wie ich es machte!"

Jahre später, als das Kind selbst den Kochlöffel in die Hand nehmen mußte, zeigte sich, daß Zuschauen, Probieren und ein wenig ererbte Phantasie auch bei karger Kriegskost nützlich sein können.

„Du vergißt das Büchlein der Großmama!" höre ich „Die perfekte Köchin" sagen. Ja, das Büchlein der Ahne, zuerst kaum beachtet, dann so überaus hilfreich, als es galt, bisher kaum beachtete Dinge wie Wrukken, Weißkohl, Rüben, ein seltenes Kaninchen… einzukaufen.

„Meiner Enkelin, wenn sie einmal groß und vernünftig geworden sein wird!" stand auf dem Vorblatt des Büchleins.

Nun, über Vernunft kann man streiten. Was der Großmama vernünftig erschien, leuchtete der Generation der Enkelin nicht immer ein. Seit ihrer Zeit hat sich der Geschmack mehrfach gewandelt und jede neue Version der Küche wurde und wird immer als „die einzig vernünftige" angepriesen.

Die Autorin überläßt ihren Lesern das Urteil. Sie unterbreitet ihnen die ererbten Rezepte und die Einkaufsratschläge, die sie ein wenig vervollständigt hat, zu Nutz und Frommen einer Generation, die heute in aller Welt haushalten und einkaufen muß.

Rezepte aus der Küche am Preußischen Hof

Hechtklößchen

*In Frankreich nennt man Fischklößchen stets „Quenelles de brochets" auch wenn
sie kein Hechtfleisch enthalten.*
*In Berlin bestanden Hechtklöße garantiert aus Hechtfleisch, denn in den vielen
Seen und Flüßchen um Berlin trieben zahllose Hechte ihr räuberisches Unwesen.
Der Hecht ist ein Edelfisch mit vorzüglichem Fleisch, das aber viele kleine und
spitze Gräten hat. Man kann es daher nicht durch die Maschine treiben.*

Hier ist ein altes Hausgericht:
600 g Fleisch vom Hecht durch das gröbste Sieb reiben, dabei sorgfältig alle | *600 g Hechtfleisch*
Gräten entfernen. 2 Zwiebeln sehr fein hacken. Zwiebeln und Hechtfleisch in | *2 Zwiebeln*
einem Mörser zerstoßen, mit Salz und Pfeffer abschmecken. 1 zerschlagenes Ei | *Salz, Pfeffer*
und 2 in Milch eingeweichte, gut ausgedrückte Semmeln mit 1 Eßlöffel Fett, | *1 Ei*
2 Eßlöffeln Mehl und der Fischmasse verarbeiten. Nochmals mit Salz und | *2 Semmeln*
Pfeffer abschmecken. | *1 Eßl. Fett*
Mit feuchten Händen Klöße formen, in den schwach kochenden Fischsud | *2 Eßl. Mehl*
geben, 10 – 15 Minuten ziehen lassen. | *Salz, Pfeffer*
Fischsud |
Hierzu werden die restlichen Teile des Hechts verwendet, die zusammen mit | *Zum Fischsud:*
Suppengrün und 1 Zwiebel in kaltem Wasser aufgesetzt und 1 Stunde gekocht | *Hechtreste*
werden. Durchgießen und mit Salz abschmecken. | *Suppengrün*
Der Hecht schmeckt am besten von September bis Januar. | *Salz*

Blick von der Kurfürstenbrücke auf das Stadtschloß, Foto: um 1890

Kalbfleischsuppe

500 g Kalbfleisch
1 Zwiebel
1 Suppengrün (Mohrrübe, Sellerie,
Petersilienwurzel, Porree (Lauch)
1 1/4 l Wasser
1 Tasse Milch
40 g Mehl
2 Eigelb
Petersilie

Ein Stück Kalbfleisch (von der Brust oder vom Haxen) in kaltem Wasser aufsetzen, die trocken gebräunte Zwiebel in Scheiben geschnitten zugeben, auf kleiner Flamme kochen lassen. Nach kurzer Zeit das Suppengrün zufügen, auf kleiner Flamme kochen lassen, bis das Fleisch gar ist. Die Suppe durch ein Sieb geben.
Unter einer Kalbfleischsuppe verstand man meistens eine legierte Suppe. Hierzu wird die leise kochende Suppe mit dem in Milch verquirlten Mehl legiert. 10 Minuten kochen lassen, vom Feuer nehmen.
Eigelb mit etwas abgekühlter Suppe abrühren, in die Suppe einlaufen lassen, gut verrühren. Mit Petersilie bestreut anrichten.

Hammel-Karbonade

1 kg Hammelfleisch (Rückenstück)
Buttermehlschwitze
Sahne

Kurze dünne Fleischschnitten aus dem Rückenstück etwas über 1 cm dick schneiden, abtrocknen und portionsweise in einer mit Butter ausgestrichenen heißen Pfanne kurz braten, so daß sie innen saftig bleiben. Warmstellen. Den Bratenfond ablöschen, mit Buttermehlschwitze binden, mit Sahne auffüllen. Die Hammel-Karbonade mit der Sauce übergießen und anrichten.

Gestovte Erbsen

1 kg Erbsen mit Schalen
1 Eßl. Butter
2 Eßl. Mehl
1 Prise Zucker
1/2 l leicht gesalzenes Wasser

Petersilie oder Minze

Frische junge Erbsen auspalen, waschen, in kochendem Wasser weich kochen. Kurz bevor die Erbsen weich sind, wird etwas in Butter verknetetes Mehl zugegeben und untergezogen, indem man den Topf schwenkt.
Mit Zucker und Salz abschmecken und vor dem Anrichten mit gehackter Petersilie oder ein wenig fein zerschnittener Minze bestreuen.

Karausche mit Majoranbutter

Die karpfenartige Karausche, auch Schneiderkarpfen genannt, hat ein weiches, zartes, wohlschmeckendes Fleisch, sie ist jedoch grätenreich.
Die Karausche in einem vorgekochten Sud nicht ganz garziehen lassen.
Eine Mehlschwitze mit dem Fischsud ablöschen, mit Salz, Pfeffer, Zitronensaft abschmecken. Die Karausche in dieser Sauce garziehen lassen.
Den Fisch auch in dieser Sauce anrichten.
Kurz vor dem Servieren wird das Gericht mit geriebenem Brot und Flöckchen von Majoranbutter bestreut.

1 mittelgroße Karausche
40 g Mehl
30 g Butter
1/2 l Fischsud
Salz, Pfeffer
Zitronensaft
Geriebenes Brot
Majoranbutter

Zum Fischsud:
Fischreste
1 Zwiebel
2 Petersilienstengel
4 – 5 Pfefferkörner
3 Teile Wasser, ein Teil Weißwein,
genug um den Fisch zu bedecken

Zander mit Senfsauce

Der Zander, von dem hier die Rede ist, war zur Zeit des Rezeptes ein gern gesehener Fisch auf der Tafel. Er war in der Nacheiszeit über die Elbe in die Havel und ihre Seen eingezogen, und ihr klares Wasser und die sandigen Flußbetten verliehen ihm einen exquisiten Geschmack. Aber am Hofe des Preußenkönigs liebte man deftige Fischgerichte. So wurde der Rücken des Zanders, nachdem man ihn geschuppt und ausgenommen hatte, mit feinen Speckstreifen gespickt. Von Speckscheiben bedeckt und von reichlichen Zwiebelscheiben begleitet, machte man ihn unter häufigem Begießen mit zerlassener Butter im mäßig heißen Ofen gar.
Mit einer Senfsauce begossen erschien er auf der königlichen Tafel.

1 kg Zander
60 g fetter Speck
80 g Butter
1 Zwiebel
Salz

1 Tasse dicke saure Sahne
3 Eßl. geriebener Käse
1 Gläschen Madeira

Für ein Zandergericht von heute raten wir, den Zander nach einer halben Stunde Bratzeit mit dicker saurer Sahne zu begießen, ihn mit geriebenem Käse zu bestreuen und weiterbraten zu lassen.
Die Sauce mit 1 Gläschen Madeira abschmecken.

Kalbsbries, auch Kalbsmilch genannt

1 Kalbsbries
Essig
Zitronensaft
Salz
Wasser

Die Thymusdrüse des Kalbs, die frisch und weiß sein soll. Sie wiegt 250 bis 300 g.
Kalbsbries ein bis zwei Stunden wässern, kurz abbrühen, blutige und knorpelige Stellen entfernen, enthäuten, nochmals in kaltem Wasser mit Zuschuß von ein wenig Essig wässern.
Das Bries kurze Zeit zwischen zwei Frühstücksbrettchen legen, mit einem Gewicht beschweren.
Zubereitung:
Das Bries in wenig Wasser, das mit Salz und Zitronensaft abgeschmeckt wurde, auf schwachem Feuer 15 Minuten garziehen lassen. In Scheiben geschnitten verwenden.

Kalbsfricandeau mit Champignons

Ein Kalbsfricandeau
2 Scheiben Speck
Salz / Pfeffer
Butter
Olivenöl
Saure Sahne
Braunmehl

Das aus der Kalbskeule geschnittene Kalbsfricandeau sollte nicht weniger als 1 1/2 Kilo wiegen. Der Rest kann in Scheiben geschnitten zu einer anderen Mahlzeit gereicht werden.
Das Kalbsfricandeau häuten, waschen, gut abtrocknen, leicht mit Pfeffer und Salz betreuen, mit feinen Speckstreifen spicken.
In einer Bratenpfanne halb Olivenöl, halb Butter stark erhitzen, das Fricandeau darin von allen Seiten bräunen. Die Pfanne mit dem Fleisch in den vorgewärmten Ofen schieben und so braten, daß das Fleisch außen knusprig wird, aber innen rosig bleibt. Von Zeit zu Zeit einen Schuß siedendes Wasser zugeben, das Fricandeau mit dem Bratensaft begießen.
Das Fleisch herausnehmen, warm stellen. Den Bratensaft mit etwas in saurer Sahne verrührtem Braunmehl binden.

Das Kronprinzenpalais Unter den Linden
Foto: um 1890

36

Grüne Heringe

10 – 12 mittelgroße frische Heringe
Salz
Butter

Frische, sogenannte grüne Heringe waschen, ausnehmen, die schwarze Innenhaut entfernen, unter fließendem Wasser abspülen. Die Heringe innen mit Salz einreiben und eine Stunde, gut zugedeckt, kühl stellen.
Die Heringe abtropfen lassen, mit Papier abtupfen, in Mehl wenden, in Butter braten.
Kartoffelsalat wird dazu gereicht.

Aalpastete

wie sie Friedrich II. auf seiner Tafel in Sanssouci wünschte

Mittlere Aale
Cognac
„Fines herbes" (Schnittlauch, Kerbel,
Petersilie, Estragon)
Weißbrot
Milch
Ei und Eigelb
Salz/Pfeffer
Muskat
Sauerampferblätter
Butter zum Zerlassen
50 g Butter zum Beträufeln
Pastetenteig

Mittelstarke Aale gut häuten, entgräten, in Filets schneiden. Die Filets kurz in Butter dünsten, ohne daß sie Farbe annehmen, würzen, in einem Schuß Cognac mit „fines herbes" marinieren, kalt stellen.
Eine Hechtfarce aus zerstoßenem Hechtfleisch und erkalteter Panade – (in kochender Milch eingeweichtes, gut ausgedrücktes Weißbrot, mit Ei und Eigelb abgerührt, mit Salz, Pfeffer, Muskat gewürzt) – bereiten, mit einer Handvoll zerpflückter Sauerampferblätter (in Butter zerlassen, gut ausgedrückt und erkaltet) bereichern, kalt stellen.
Eine Pastetenform mit Pastetenteig auslegen, mit der Hechtfarce bestreichen. Eine Lage Aalfilets einlegen, mit einer Schicht Hechtfarce überdecken, etwas Cognac und „fines herbes" aus der Marinade zufügen und dies wiederholen, bis die Form gefüllt ist.
Auf die letzte Schicht 50 g zerlassene Butter träufeln. Einen Teigdeckel auflegen.
Die Pastete eine gute Stunde im heißen Ofen backen.

Hecht en fille mit Weißwein-Sauce

Wahrscheinlich hat La Notte, der hugenottische Koch des Prinzen Louis Ferdinand von Preußen, seinen Hecht nach einem Rezept aus dem „Almanac des Gourmets" des Grimod de la Reynière bereiten wollen. Danach wurde ein gehäuteter Hecht mit Speckstreifen gespickt und unter häufigem Begießen mit Weißwein, Essig und Pomeranzensaft am Spieß gebraten. Hierzu gehörte jedoch eine Sauce aus Bouillon, Sardellenfilets, gehackten Kapern, weißem Pfeffer und Austern, je nach der Zahl der Gäste.

Austern waren jedoch noch eine Seltenheit in Berlin und dementsprechend teuer. Sei es, daß Austern nicht zu beschaffen waren, sei es, weil der Haushalt des Prinzen mit preußischer Sparsamkeit geführt werden sollte, der prinzliche Koch änderte das Rezept.

Statt den Hecht am Spieß zu braten, garte er ihn in gutem Weißwein und stellte ihn warm.

Den guten Weißweinsud reduzierte er in einer kleinen Kasserolle, stellte die Kasserolle in ein Bain-marie, fügte ein nußgroßes Stück Butter und drei Gelbei hinzu und schlug das alles zu einer dicken Crème, die er mit nach und nach 200 g Butter zu einer köstlichen Sauce verzauberte.

In dieser Umhüllung erschien der Hecht dann auf der prinzlichen Tafel.

I
Ein mittelgroßer Hecht
Speckwürfel/Weißwein
Essig
Pomeranzensaft
Bouillon
Sardellen
Kapern
Weißer Pfeffer
Austern

II
Ein mittelgroßer Hecht
Weißwein
200 g Butter
3 Gelbei
Salz/Pfeffer

39

Berliner Budike

Bouletten

400 g halb mageres Schweinefleisch, halb mageres Rindfleisch durch die Maschine drehen, mit einer eingeweichten, dann ausgedrückten und gut verrührten Schrippe (Berliner Semmel), einer fein gehackten Zwiebel und einem Ei zusammenarbeiten. Mit Pfeffer, Salz und einem Hauch Muskatnuß abschmecken und nochmals gut durcharbeiten. Runde Klöße formen, die Klöße etwas flachdrücken, in Mehl wenden, in heißem Fett schwimmend braun braten, gut abtropfen lassen.
Diese beliebten Bouletten werden warm in einer Sauce, die aus den Bratrückständen bereitet wurde, oder kalt gegessen.

400 g Hackfleisch
(halb Schweinefleisch,
halb Rindfleisch)
1 Schrippe (große Semmel)
1 Ei
Salz, Pfeffer
Muskatnuß
Bratfett (halb Schmalz, halb Butter)

Soleier

Frische Hühnereier acht Minuten kochen, zehn Minuten im Wasser ohne zu kochen liegen lassen, herausnehmen, rundherum einknicken.
Eine starke Salzlösung (30 g Salz auf 1 Liter Wasser) bereiten, Eier einlegen, 24 Stunden darin liegen lassen.
Nach Alt-Berliner Art werden Soleier folgendermaßen gegessen: Eier schälen, halbieren, Eigelb herausheben, mit Mostrich, Salz, Pfeffer, ein wenig Öl und Essig zerdrücken, in die Eierhälften zurückgeben.

Eier
Salz
Wasser
Mostrich
Salz/Pfeffer
Öl
Essig

Das Ausflugsziel der Berliner – in Werder
Foto: um 1900

Berliner Rollmöpse

Salzheringe
Salzgurke
Zwiebel
Senfkörner
Heringsmilch
Sahne
Lorbeerblatt
Pfefferkörner
Pfefferschoten
Essig
Zucker

Salzheringe (möglichst mit Milch) wässern, außen und innen enthäuten, entgräten, in zwei Filets teilen. Die Filets auf einem Brett ausbreiten, mit je einem Stückchen Salzgurke, einer dünnen Zwiebelscheibe, drei Senfkörnern belegen, aufrollen, mit einem Zahnstocher durchstechen. Die Heringsrollen in einen Steintopf einlegen.

Heringsmilch wässern, durch ein Sieb geben, mit Sahne verrühren. Ein zerteiltes Lorbeerblatt, Stückchen Pfefferschote, Pfefferkörner zugeben. Verdünnten Essig – mit Zucker abgeschmeckt – aufkochen, abkühlen lassen. Die Sauce damit abschmecken, über die Heringsrollen geben. Kühl stellen, drei bis vier Tage ziehen lassen.

Salzgurken

60 nicht zu große Gurken
Dill
Estragon
Weinblätter
Sauerkirschenblätter
5 l Wasser
250 g Salz

Feste, frische, mittlere Salzgurken zwölf Stunden in Salzwasser legen, herausnehmen, abbürsten, abtrocknen. Mehrfach mit einem Zahnstocher durchstechen. Einen großen Steintopf sauber auswaschen, ausschwefeln. Die Gurken mit Dillzweigen, Estragon, Weinblättern und Blättern vom Weichselkirschenbaum einlegen.

Salzwasser (250 g auf 5 Liter) aufkochen, erkalten lassen. Die Lösung auf die Gurken gießen, bis sie eine Handbreit über den Gurken steht. Ein rundes Holzbrett auf die Gurken legen, mit einem Gewicht beschweren, den Topf mit Pergamentpapier zubinden.

Sollte sich Kahm bilden, ihn sorgfältig entfernen. Brett und Stein öfters abwaschen.

Der Marktkalender der Großmutter

Januar

Aal, Aalraupe, Barbe, Hecht, Karpfen
Kabeljau, Neunauge, Rotzunge, Sardinen, Schlei, Zander
Gans, Truthahn
Hammel, Rind, Schwein
Rehgeiß (bis 31.1.), Damwild und Rotwild (bis 31.1.), Wildente und Fasan
(bis 15.1.), Hase (bis 15.1.), Wildschwein, Wildkaninchen*
Weiß- und Rotkohl, Rosenkohl, Grünkohl, Blumenkohl, Sauerkraut, Rote
Bete, Kohlrüben, Mohrrüben, Winterkohlrabi, Sellerieknollen, Schwarzwurzeln,
Petersilienwurzeln, Porree, Meerrettich
Endivien, Chicorée, Rapünzchen
Äpfel (Reinetten), Birnen (Pastorenbirne), Apfelsinen, Mandarinen, Kastanien,
Zitronen, Nüsse und Backobst

Februar

Aal, Barbe, Karpfen, Muräne, Neunauge, Zander
Kabeljau, Seezunge, Rotzunge, Ostseehering, Heilbutt, Seelachs
Hammel, Rind, Schwein

---

* Die Schonzeiten für Wild haben sich seit Großmutters Tagen leicht verändert.
  Wir geben die heutigen Jagdzeiten an.

Ente, Gans, Hühner
Waldschnepfe, Wildschwein, Wildkaninchen
Weiß- und Rotkohl, Rosenkohl, Grünkohl, Blumenkohl, Sauerkraut,
Rote Bete, Kohlrüben, Mohrrüben, Winterkohlrabi, Sellerieknollen,
Schwarzwurzeln, Petersilienwurzeln, Porree, Meerrettich, eventuell Spinat
Endivien, Chicorée, Rapünzchen
Äpfel (Schöner von Boskop), Apfelsinen, Mandarinen, Zitronen, Nüsse,
Backobst

März

Forelle, Hecht, Karpfen
Dorsch, Heilbutt, Makrele, Ostseehering, Seezunge, Steinbutt
Lamm, Hammel, Kalb, Rind, Schwein
Hühner, Ente, Perlhuhn
Waldschnepfe
Chicorée, Endivien, Kresse, Radieschen, Schnittlauch, Blumenkohl,
Rosenkohl, Grünkohl, Rapünzchen
Äpfel, Apfelsinen, Mandarinen, Grape fruit

April

Barsch, Forelle, Karpfen, Karausche, Zander
Kabeljau, Makrele, Ostseehering, Schellfisch, Seezunge, Steinbutt
Lamm, Hammel, Kitz
Junge Ente und Gans, Perlhuhn, Kaninchen
Waldschnepfe (bis 15.4.), Auer- und Birkhahn (vom 20.4. an)
Karotten, Spinat, der erste Kopfsalat, Rapünzchen, Radieschen, Champignon
(Zucht), Morcheln, der erste Beelitzer Spargel
Rhabarber
Kiebitz- und Möveneier

Der Molkenmarkt, die Spandauer Straße und das Rathaus
Foto: 1901

Mai

Felchen, Forelle, Maifisch, Karauschen, Zander
Grüner Hering, Matjeshering, Makrele, Scholle,
Seezunge, Flußkrebse
Lamm, Hammel, Kaninchen
Taube, junge Gans, Perlhuhn, Auer- und Birkhühner
Rehbock (vom 15.5. an)
Artischocken, Spargel, junger Wirsing, Karotten, Kopfsalat, grüne Bohnen,
grüne Erbsen, früher Kohlrabi, Morcheln, Mairüben (Navets), Mairettich,
Sauerampfer, Saubohnen (Puffbohnen)
Unreife Stachelbeeren, erste Erdbeeren, Kirschen aus Werder (früheste
Kirsche der Mark)
Rhabarber, Waldmeister zur Bowle

Juni

Aal, Felchen, Forelle, Hecht, Schlei, Zander
Makrele, Matjeshering, Seezunge, Scholle
Thunfisch, Flußkrebse
Lamm, Kalb, Rind
Frischling, Rehbock (jetzt am besten).
Buschbohnen, Wachsbohnen, grüne Erbsen, Spargel (bis 24.6.), Freiland-
Kohlrabi, Mohrrüben und Karotten, Artischocken, Kopfsalat, Gurken,
Sauerampfer, Pfifferlinge, Steinpilze, Feldchampignon, Teltower Rübchen
und Kerbelrübchen
Erdbeeren, Stachelbeeren, Aprikosen, Johannisbeeren, Werdersche Süßkirschen,
Sauerkirschen, Himbeeren
Rhabarber

Juli

Aal, Felchen, Forelle, Hecht, Schlei, Zander
Hering von Nord- und Ostsee, Rotzunge, Seezunge, Steinbutt, Scholle
Makrele, Flußkrebse
Kalb, Rind

Hühner, Ente, Kaninchen
Frischling, Rehbock
Tomaten, Gurken, Wirsing, Blumenkohl, Stangenbohnen, grüne Erbsen,
Mangold, römischer Salat, Sommerrettich, Pfifferlinge, Steinpilze,
Teltower Rübchen
Aprikosen, Pfirsiche, rote, weiße und schwarze Johannisbeeren, Heidelbeeren,
Himbeeren, Herz- und Knorpelkirschen, Sauerkirschen (Schattenmorellen,
Süßweichseln)
Erste Äpfel (weiße Kläräpfel), Sommerbirnen, Zuckermelonen

August

Felchen, Forelle, Hecht, Zander, Aal
Flunder, Heringe, Kabeljau, Rotzunge, Seezunge, Steinbutt,
Thunfisch, Krebse
Kalb
Taube, Poularde
Rotwild (ab 1.8.), Rehbock, Rehgeiß (ab 1.8.), Sumpfschnepfe (ab 1.8.),
Wildente (ab 1.8.), Wildkaninchen
Artischocken, Zuckermais, Tomaten, Gurken, Wirsing, Blumenkohl, Mangold,
Stangenbohnen, Wachsbohnen, Weiß- und Rotkohl, Pfifferlinge, Steinpilze,
römischer Salat
Aprikosen, Pfirsiche, Pflaumen, Mirabellen, Reineclauden, Heidelbeeren,
Brombeeren, Sauerkirschen, Melonen, frühe Birnen (Gute Luise)

September

Barsch, Forelle, Hecht, Zander
Flunder, Hering, Kabeljau, Makrele, Scholle, Schellfisch, Sardine
Kalb
Junge Gans, Ente, Hühner
Damwild (ab 1.9.), Rotwild, Rehwild, Rebhuhn (ab 1.9.), Sumpfschnepfe,
Wildente
Tomaten, Gurken, Weiß- und Rotkohl, Wirsing, Kohlrübe, neue Zwiebeln,
Porree, Meerrettich, Spät-Kohlrabi, Sauerkraut, Pfifferlinge, Steinpilze,
Endivien, Rote Bete

Pflaumen, Mirabellen, Brombeeren, Zucker- und Wassermelonen, Quitten, Preiselbeeren, erste Weintrauben, Hauszwetschen, Herbstäpfel, Birnen (William Christbirne).

Oktober

Barsch, Hecht, Karpfen, Zander
Hering, Kabeljau, Heilbutt, Makrele, Schellfisch, Sardine
Kalb, Hammel, Rind, Schwein, Truthahn
Damwild, Rotwild, Rehbock (bis 15.10.), Hase (ab 16.10.), Fasan (ab 1.10.),
Sumpfschnepfe, Waldschnepfe (ab 16.10.), Wildente, Rebhühner
Rote Bete, Schwarzwurzeln, Porree, Sellerieknollen, Weiß- und Rotkohl,
Sauerkraut, Mohrrüben, Kohlrüben, Spät-Kohlrabi, Rosenkohl, Kerbelrüben,
Rettich, Endivien, Chicorée, Kastanien
Winteräpfel (Gravensteiner, Landsberger Reinette), Birnen (Gute Luise),
Quitten, Weintrauben, Kürbis, Zuckermelonen, Preiselbeeren, Zwetschen,
Apfelsinen, Nüsse

November

Barsch, Felchen, Hecht, Karpfen, Schlei, Zander
Ostseehering, Lachs, Kabeljau, Schellfisch
Hammel, Kalb, Rind, Schwein, Truthahn, Poularde, Gans (Martini)
Damwild, Rotwild, Rehgeiß, Hase (am besten), Fasan, Rebhuhn (bis 31.11.),
Sumpf- und Waldschnepfe, Wildente
Rote Bete, Schwarzwurzeln, Zuckermais, Weiß- und Rotkohl, Rosenkohl,
Grünkohl, Kohlrüben, Sellerieknollen, Endivien, Chicorée, Feldsalat
Winteräpfel (Goldparmänen, Cox-Orangen-Reinette), Birnen, Melonen,
Kürbis, Weintrauben, Apfelsinen, Mandarinen, Nüsse

Berlins letzter Bauerngutshof – das „Haus Bützow" in der Prenzlauer Allee 248
Foto: um 1912

Dezember

Barsch, Hecht, Karpfen, Schlei
Heilbutt, Ostseehering, Kabeljau, Lachs, Rotzunge, Sardine
Weihnachtsgans, Truthahn, Schwein, Hammel, Rind
Damwild, Rotwild, Rehgeiß, Hase, Fasan, Sumpfschnepfe (bis 31.12.),
Waldschnepfe, Wildente
Weiß- und Rotkohl, Grünkohl, Blumenkohl, Winterkohlrabi, Schwarzwurzeln,
Porree, Mohrrüben, Chicorée, Rote Bete
Äpfel, Birnen, Weintrauben, Rosinen, Mandeln, Nüsse, Ananas, Feigen,
Datteln, Apfelsinen, Mandarinen

Clemens von Brentano*

Gebackener Prinz Mandelwandel

*In dem Buche ihrer Mutter, genannt „der altteutsche Spritzkuchen aus den
Papieren einer perfekten Köchin", war die Gestalt eines sehr angenehmen,
sanften, schönen und tugendhaften Prinzen Mandelwandel beschrieben, welcher
Komanditchen immer vor Augen schwebte; und weil ihr der Vater gesagt hatte:
„Wenn dir kein Bräutigam recht ist, so backe dir einen", so fing sie nun an, mit
großer Aufmerksamkeit und Liebe zur Sache und mit außerordentlicher
Geschicklichkeit aus dem Teige sich diesen Prinzen Mandelwandel zu kneten,
während welcher ganzen Arbeit sie ununterbrochen folgendes Lied sang:*

Einen Teig will ich mir rollen,
Ganz nach meinem eignen Sinn,
Daß gleich alle merken sollen,
Daß ich in der Küch' die Tochter
Der perfekten Köchin bin.

Rosenöl und Rosenhonig,
Rosenwasser, Mandelbrei,
Tränen, Seufzer auch nicht wenig
Mischt dem Teige nun die Tochter
Der perfekten Köchin bei.

O du früh verlorne Mutter!
Schau das Mehl aus Warschau an,
Fasaneier, Maienbutter
Rührt mit flinker Hand die Tochter
Der perfekten Köchin dran.

Pim, pim, pim der Mörser klinget,
Nelken, Zimt, Muskatennuß,
Alles bald zu Staub zerspringet,
Wie es von der Hand der Tochter
Der perfekten Köchin muß.

---

* Aus dem Märchen-Fragment „Komanditchen"
von Clemens von Brentano (1778 – 1842)

Rein die Hände, blank die Schürze.
Unterm Häubchen fest das Haar,
Knet' ich in den Teig die Würze,
Stelle mich so ganz als Tochter
Der perfekten Köchin dar.

Aus dem edelsten der Teige
Knet' ich einen Zuckermann,
Der den stolzen Herren zeige,
Daß man fechten für die Tochter
Der perfekten Köchin kann.

Sieh, schon knet' ich alle Stücke,
Knie und Bein und Kopf und Wanst,
Rolle, nudle, zerre, drücke;
Munter, zeige, was du Tochter
Der perfekten Köchin kannst.

Kugelkloß nun werd' zum Kopfe,
Zuckerwerk zu Locken kraus,
Gerstenzucker zieht zum Zopfe
Hinten lang die kluge Tochter
Der perfekten Köchin aus.

Mandelzahn im Himbeermunde,
Augen von Wacholderbeer;
Denn das Süße und Gesunde
Liebt im Angesicht die Tochter
Der perfekten Köchin sehr.

Prosit! von Pomeranzenschalen
Voll verzuckertem Anis,
Nase, nimmer zu bezahlen,
Wenn dich ab aus Hast die Tochter
Der perfekten Köchin stieß.

Lipp' und Wang' aus Zitronate
Schnurr- und Backenbart umziert,
Fein gezackt vom Kuchenrade,
Was geschickt die Hand der Tochter
Der perfekten Köchin führt.

Nun ein Herz von Biskuitteige,
Mit Tokaierwein durchnetzt,
Draufgeschrieben: Lieb' und schweige!
In die Brust ihm nun die Tochter
Der perfekten Köchin setzt.

Mit verzuckerten Maronen,
Königsberger Marzipan,
Köstlichsten Kakaobohnen
Füllet ihm den Leib die Tochter
Der perfekten Köchin an.

Und nun form' ich an zwei Armen
Hände zwei, zehn Fingerlein,
Diese sollen voll Erbarmen
Und auch tapfer durch die Tochter
Der perfekten Köchin sein.

Beine werden nun gedrechselt,
Nicht zu grad' und nicht verrenkt,
Dick und dünn hübsch abgewechselt,
Wie es angenehm die Tochter
Der perfekten Köchin denkt.

Quittenfleisch wird nun zur Wade
Und zum Fuße Marzipan,
Stiefel dann von Schokolade,
Zieht dem Zuckerbild die Tochter
Der perfekten Köchin an.

O wie zierlich steht dem Schelme
Das indian'sche Vogelnest!
Auf dem Ohr statt einem Helme
Macht es pfiffig ihm die Tochter
Der perfekten Köchin fest.

Orden zwölf von Zuckerkandel
Und Vanille Achselschnur,
Trägst du, Prinz von Mandelwandel,
Durch die Achtung einer Tochter
Der perfekten Köchin nur.

An den Zuckergriff des Degen,
Dessen Klinge ganz von Zimt,
Soll er seine Rechte legen,
Weil in Schutz er gern die Tochter
Der perfekten Köchin nimmt.

Suppen

Biersuppe

Von Butter und Mehl eine helle Mehlschwitze bereiten, mit Wasser ablöschen, gut verrühren, Bier zufügen, mit Zimt, Ingwer, einer Spur Muskat und Salz würzen. 15 Minuten auf kleiner Flamme kochen.

Eigelb mit Zucker, Weißwein, Rum und abgeriebener Zitronenschale gut schlagen. Die heiße Suppe vorsichtig darüber gießen, durch ein Sieb geben. Mit warmem Toast reichen.

2 Flaschen Bier
1/2 l Wasser
50 g Mehl
50 g Butter
1 Stückchen Zimt
1 Stückchen Ingwer
Muskat
Salz
1 Eigelb
1 Eßlöffel Weißwein
1 Eßlöffel Rum
25 g Zucker
abgeriebene Schale von der Zitrone

Grünkernsuppe

Grünkernmehl und Butter anschwitzen, mit Wasser oder Fleischbrühe auffüllen, aufkochen und auf kleinem Feuer ziehen lassen. Mit Pfeffer und Salz würzen. Nach 20 Minuten vom Feuer nehmen.

1 – 2 Eigelb mit Milch verquirlen, vorsichtig zur heißen Suppe geben. Vor dem Anrichten noch einen Teelöffel frische Butter zugeben.

60 g Grünkernmehl
40 g Butter
1 1/4 l Wasser
Salz, Pfeffer
1 – 2 Eigelb
1 Tasse kalte Milch
10 g frische Butter

Holzhackersuppe

500 g Rindfleisch
125 g Graupen
1 1/2 l Wasser
1 Portion Wurzelwerk
2 Kartoffeln
Salz, Pfeffer, Muskat

Am Abend vorher eingeweichte Graupen in dem Einweichwasser aufsetzen, aufkochen. Nach einer Weile ein Stück Rindfleisch (aus Brust oder Querrippe) zugeben, aufkochen lassen, abschäumen.

Wenn die Graupen fast weich sind, Wurzelwerk und zuletzt noch 2 Kartoffeln zugeben und die Suppe kochen, bis alles weich ist.

Das Fleisch herausnehmen, in Stücke schneiden und wieder in die Suppe geben. Mit Salz, Pfeffer und einer Spur Muskat würzen.

Kerbelsuppe

1 – 2 Eßlöffel gehackter Kerbel
40 g Butter
50 g Mehl
1 1/4 l Wasser
1 Eigelb
2 – 3 Eßlöffel Sahne
1 Teelöffel frische Butter

Frische, junge, abgezupfte Kerbelblättchen, die man auch mit Petersilienkraut, Dill und Schnittlauch gemischt verwenden kann, fein hacken. Butter und Mehl anschwitzen, mit Wasser ablöschen, aufkochen, warm stellen. Eigelb mit Sahne verrühren, den gehackten Kerbel hinzufügen und vorsichtig in die Suppe geben, umrühren.

Vor dem Anrichten der Suppe einen Teelöffel frische Butter zufügen.

Kerbelrübchen (nach Fehér)

Kerbelrübchen
1 Stange Lauch
etwas roher Schinken
etwas grobe Gerste
Kalbsknochen, Hühnerklein
grüner Kerbel
250 g Butter
1/4 l süße Sahne

Die Kerbelrübchen werden, wenn sauber geputzt, blanchiert, alsdann in einer Kasserole mit dem weichen Teil eines Lauchs und etwas rohem Schinken und grober Gerste angeschwitzt und dann mit einem aus Kalbsknochen und Hühnerabfällen (Hühnerklein) hergestellten weißen Fond aufgefüllt und weich gedämpft. Ist die Suppe leicht durchs Haarsieb passiert, so kocht man dieselbe nochmals auf und schäumt sie gut aus. Indessen hat man eine Handvoll grünen Kerbel abgeputzt und im Reibstein mit 1/2 Pfund Butter fein gerieben, mit 1/4 Liter süßer Sahne verrührt und durch ein Tuch passiert.

Man erhält so eine frische grüne Creme, mit der man die Suppe bindet und über Brotkrusteln serviert.

Arbeiter-Miethäuser in der Sickingenstraße 7 – 8. Architekt: A. Messel.
Foto: um 1890

Nudelsuppe

1 kg Suppenhuhn
Suppengrün: Lauch, Karotte,
Petersilienwurzel (kein Sellerie)
1 Lorbeerblatt
50 – 60 g Eierbandnudeln
(je nachdem, ob die Suppe sättigend
oder nur Vorgericht sein soll)
Salz, weißer Pfeffer
1 1/2 l Wasser

Hühnerfleisch mit Suppengrün und Lorbeerblatt in siedendem Wasser aufsetzen, auf kleiner Flamme garkochen. Die Brühe durchgießen, das Hühnerfleisch von den Knochen lösen, kleinschneiden. Nudeln in die heiße Brühe geben, 15 Minuten ziehen lassen. Fleisch in die Brühe zurückgeben. Mit Salz und Pfeffer abschmecken. Mit Petersilie bestreut reichen.

Kalte Weißbiersuppe (Weißbierkaltschale)

2 Flaschen Weißbier (Berliner Weiße)
2 Zitronenscheiben
1 Stückchen Zimtrinde
3 – 4 Eßlöffel Zucker
4 Löffel geriebenes Schwarzbrot
Rum oder Arrak

Weißbier mit Zitronenscheiben ohne Kerne, einem Stückchen Zimtrinde, 3 – 4 Eßlöffeln Zucker mischen und durchziehen lassen. Jeden Teller Kaltschale vor dem Anrichten mit geriebenem Schwarzbrot bestreuen und einen Schuß Rum oder Arrak zugeben.
Wem diese Kaltschale zu alkoholisch ist, der kann sie auch auf andere Weise zubereiten.

oder
2 Flaschen Weißbier (Berliner Weiße)
Zitronensaft und -schale
1 Stückchen Zimtrinde
3 – 4 Eßlöffel Zucker
30 g Mondamin
eine halbe Tasse Wasser
Rum oder Arrak

Weißbier mit etwas Zitronensaft und einem Stückchen Zitronenschale, einem Stückchen Zimt und 3 – 4 Eßlöffeln Zucker gewürzt kurz aufkochen, vom Feuer nehmen.
30 g Mondamin in Wasser auflösen. Das Weißbier zum Kochen bringen, Mondamin zufügen und kurz aufkochen, vom Feuer nehmen.
Das Weißbier nach dem Abkühlen in den Kühlschrank stellen und eiskalt mit einem Schuß Rum oder Arrak reichen.

Aal grün mit Gurkensalat

ein Berliner Frühlingsgericht

Aale gründlich säubern. Kleine Aale mit Salz abreiben, größere Aale abhäuten. Rückenflossen und Kopf abschneiden. Die Aale ausnehmen, in 10 cm lange Stücke schneiden. Die Aalstücke mit Zwiebeln und Dillgrün bedeckt in leicht gesalzenes Wasser mit einem Schuß Weißwein gemischt einlegen, ziehen lassen, bis sie gar sind.

Die Aalstücke herausnehmen, warm stellen.

Fischsud durchgießen.

60 g Butter und 80 g Mehl anschwitzen, mit Fischsud ablöschen, aufkochen, einige Minuten ziehen lassen, vom Feuer nehmen.

2 Eigelb mit saurer Sahne verquirlen, zur Sauce geben, glattrühren, warmstellen, die Aalstücke einlegen. Gehackte Kräuter wie Schnittlauch, Dillgrün, Petersilienkraut zufügen.

Wenn möglich neue Kartoffeln und den obligaten Gurkensalat (siehe Seite 103) dazu reichen.

1 kg Aal
1 Glas Weißwein
1 Zwiebel
Dillgrün
leicht gesalzenes Wasser
60 g Butter
80 g Mehl
Fischsud
2 Eigelb
Saure Sahne
Grüne Kräuter gehackt

Aal auf Berliner Art

1 kg Aal
200 bis 300 g Schwarzbrot
1 – 2 Flaschen Weißbier
1/2 Flasche Weißwein
1/2 Lorbeerblatt
Einige Gewürzkörner
Zitronensaft
Salz

Einen mittelstarken Aal säubern, ausnehmen, abhäuten. Flossen und Kopf abschneiden, in fingerlange Stücke schneiden, einsalzen.

200 bis 300 g Schwarzbrot reiben, mit ein bis zwei Flaschen Weißbier und 1/2 Flasche Weißwein begießen, umrühren, 1/2 Lorbeerblatt sowie einige Gewürzkörner zufügen.

Den Fischsud aufkochen. Die Aalstücke einlegen. Sie müssen gut von der Flüssigkeit bedeckt sein. Flamme kleinstellen und die Aalstücke ziehen lassen, bis sie gar sind.

Die Aalstücke herausnehmen, warm stellen.

Die Sauce durchgießen, mit Zitronensaft und Salz abschmecken. Die Aalstücke mit der heißen Sauce bedeckt reichen.

Saure gebratene Heringe

ein beliebtes Essen in kleinen Kneipen

10 – 12 Bratheringe
1 – 2 Zwiebeln
1/4 l Weinessig
Wasser
1 Teel. Zucker
1 Gewürzdosis: 4 Pfefferkörner,
2 Gewürzkörner (Piment),
1 Gewürznelke, 1/2 Lorbeerblatt

Gut braun gebratene Heringe in eine flache Schüssel legen.

Schmal geschnittene Zwiebelscheiben darüber ausbreiten.

Einen Viertelliter Weinessig mit etwas Wasser vermischt, und einer Gewürzdosis aufkochen. Abkühlen lassen, mit Zucker abschmecken. Den Sud über die Heringe gießen.

Nach 2 – 3 Tagen sind die Heringe tafelfertig.

Kaiser-Wilhelm-Brücke, mit Blick auf das Stadtschloß
Foto: um 1900, Stengel & Co., Dresden

Der Hecht

Dieser wilde Räuber der Flüsse und Seen hat eine harte schwarz-grüne Haut und ein gefährliches Gebiß. Sein vorzügliches Fleisch ist weiß, aber leicht trocken. Seine beste Zeit ist das Frühjahr. Man wählt dann einen Hecht von 2 1/2 bis 4 Pfund, denn der Kopf hat ein ziemliches Gewicht. Das Schwanzstück ist das beste Stück vom Hecht.

Hecht nach Spreewaldart
Rezept der Amme Lina

Am besten schmeckt Hecht im Frühjahr. Wählen Sie einen mittelgroßen Hecht.

1 mittlerer Hecht
3 Schalotten
2 Mohrrüben
1 Petersilienwurzel
1/2 Lorbeerblatt
4 – 5 Pfefferkörner
Einige Dillstengel
Salz
4 Eßlöffel Sahne
Butter zum Ausstreichen

Den Hecht schuppen, Flossen beschneiden, ausnehmen, mit Salz bestreuen. Eine große Fischpfanne mit Butter gut ausstreichen, mit einer Mischung von gehackten Mohrrüben, Schalotten, Petersilienwurzeln füllen. Dazwischen einige Pfefferkörner, ein halbes Lorbeerblatt, einige Stengel Dillkraut streuen. Auf diese Unterlage den Hecht in etwa 8 cm breiten Stücken legen. Mit etwas Wasser oder salzloser Brühe ansetzen, gut mit Butterbrotpapier bedeckt im heißen Ofen dünsten.
Wenn der Hecht gar ist, die Stücke herausnehmen, warm stellen.
Den Bratfond mit Sahne abrühren und heiß über den Hecht gießen.
Vor dem Anrichten ein Kräutergemisch (Petersilie, Kerbel, Schnittlauch, Dill) über das Gericht streuen.

Der Karpfen

Der aus Ostasien stammende Karpfen ist heute in ganz Europa eingeführt. Er liebt stehende Gewässer, sein Fleisch schmeckt daher leicht moorig, was an der dunklen Farbe und dem Modergeruch zu erkennen ist. Die beste Zeit für den Wildkarpfen sind die Monate Oktober bis Januar.

Bei den Karpfen aus den großen Fischzüchtereien braucht man keine Angst vor moorigem Geschmack zu haben. Hier haben wir die Auswahl und können einen lebenden Karpfen von genau 2 Kilo wählen (1/2 Kilo pro Person ist üblich).

Ob wir einen gewöhnlichen Schuppenkarpfen, einen blau-grünlichen Lederkarpfen mit nur wenigen Schuppen oder einen Spiegelkarpfen mit den drei seitlichen Schuppenreihen wählen, spielt für den Geschmack keine Rolle.

Karpfen werden erst kurz vor der Verwendung geschlachtet.

Karpfenrogen und Karpfenmilch sind sehr delikat, und die französische Küche verwendet sie als selbstständige Gerichte, z. B. „Tourte de laitance".

Karpfen in polnischer Sauce

ein Berliner Weihnachtsgericht

Den Karpfen schuppen, ausnehmen, waschen, in Stücke schneiden.

Die Sauce: 3 kleine Zwiebeln in 2 Eßlöffeln Butter glasig schwitzen. 1 Eßlöffel Mehl darüber streuen und abschwitzen, mit 1 Flasche dunklem Malzbier ablöschen. 2 Lorbeerblätter, 4 – 5 Gewürznelken, 4 Pfefferkörner, 4 kleingeschnittene Karotten, 1 kleingeschnittenes Stückchen Sellerieknolle dazugeben. Die Sauce langsam kochen lassen, bis die Karotten gar sind, dann durch ein Sieb streichen.

30 g Fischpfefferkuchen in die Sauce geben, mit Essig, braunem Zucker und Salz abschmecken, 1/4 Stunde ziehen lassen.

Den Karpfen in die Sauce legen und garziehen lassen.

Nach alter Sitte haben auch die nach Berlin verzogenen Schlesier, bevor der Karpfen gar war, für jede Person ein kleines Bratwürstchen in die Karpfensauce eingelegt.

1 mittelgroßer Karpfen
3 Zwiebeln
2 Eßl. Butter
1 Eßl. Mehl
1 Flasche dunkles Malzbier
2 Lorbeerblätter
4 Gewürznelken
4 Pfefferkörner
4 Karotten
Essig
brauner Zucker
Salz
Ein Bratwürstchen pro Person

Flußkrebse

Krebse unter fließendem Wasser abbürsten. Bei dieser Prozedur werden die Krebse quer über dem Rücken festgehalten.

Einen Sud bereiten, halb Wasser, halb Weißwein.

Mohrrüben und Zwiebeln klein schneiden, in Butter andünsten, den Sud darübergeben, mit Pfefferkörnern und Salz würzen, 1/2 Stunde kochen lassen.

Die Krebse nacheinander in sprudelndes Wasser werfen, zehn Minuten kochen lassen, herausnehmen. Die Krebse in die heiße Brühe einlegen und sieben bis zehn Minuten ziehen lassen.

In der Brühe auftragen.

Flußkrebse
Wasser, Weißwein, genügend um die Krebse zu bedecken
4 Mohrrüben
2 Zwiebeln
Pfefferkörner
2 Löffel Butter
Salz

Krebse, ein Sommervergnügen

Für Krebse war „Micha" in Berlin, der einen riesigen Umsatz an gezüchteten Krebsen hatte, berühmt. Selbst nach dem großen Krebssterben, das die Krebspest im Jahre 1876 verursacht hatte, konnte man dort noch genug Suppenkrebse (bis 45 g) und Speisekrebse (ca. 90 g) für ein kleines Festessen erstehen. Freunde im Oderbruch hielten die traditionellen sommerlichen Freuden hoch und schickten einen Korb Krebse. Für diesen Genuß gab es besondere, spitze Krebsgabeln und für die schmutzigen Hände rote Krebsservietten von Grünfeld in der Leipziger Straße.

Ein leichter Moselwein kam dem üblichen Durst entgegen.

Hier sind zwei Rezepte aus dem alten Kochbuch:

Krebse unter fließendem Wasser abbürsten. Bei dieser Prozedur werden die Krebse quer über dem Rücken festgehalten.

Entsprechend der Anzahl Krebse reichlich Wasser mit Zwiebeln, Kümmel, Dill und Petersilie aufsetzen, mit Salz abschmecken.

Sobald das Wasser kocht, die Krebse in Abständen nacheinander in den Sud hineinwerfen. Zehn Minuten kochen und zehn Minuten ziehen lassen. Die Krebse hochgetürmt auf warmer Schüssel anrichten.

Flußkrebse
Wasser
Kümmel
Dill
Zwiebel
Petersilie
Salz

Kahnverleih am Neuen See im Tiergarten
Foto: um 1900

Schleie in Dillsauce

4 Schleie (200 – 250 g)
Essig zum Übergießen
40 g Mehl
30 g Butter
Fischsud zum Ablöschen
2 Eier
2 Eßl. Sahne
2 Eßl. fein gehacktes Dillkraut
Fischsud
1/4 l Wasser
1/2 Tasse Weinessig
1/2 Lorbeerblatt
2 Gewürznelken
2 Pfefferkörner

Schleie, die lebend in die Küche kommen sollten, durch einen Schlag auf den Kopf töten lassen, auf feuchtem Brett vorsichtig – ohne die Außenhaut viel zu berühren – ausnehmen. Mit heißem Essig übergießen, auf feuchter Schüssel in die Zugluft stellen.

Fischsud vorkochen, die Schleie auf einem Fischeinsatz einlegen.

Sobald das Wasser zu kochen beginnen will, den Fischsud vom Feuer nehmen, die Schleie noch zehn Minuten im Fischsud dünsten lassen.

Den Fischeinsatz herausnehmen, die Schleie auf eine heiße Schüssel gleiten lassen, warm stellen.

Eine helle Mehlschwitze bereiten, mit dem Fischsud ablöschen, glatt rühren, vom Feuer nehmen, mit zwei in Sahne verrührten Eigelb unterziehen. Zum Schluß die Sauce mit fein gehacktem Dillkraut vermischen. Die Schleie mit der warmen Sauce begossen reichen.

Zanderschnitten à la Florentine

Diese subtile Zubereitung des Zanders findet sich um die Jahrhundertwende in einem Kochbuch des Hoflieferanten Julius Fehér in Berlin.

1 kg Zander
Fischsud
Weißwein
geriebener Parmesankäse

Vorbereitete Zanderschnitten in Fischsud mit Weißwein garziehen lassen. Die Zanderfilets auf ein Bett von blanchiertem Blattspinat setzen. Den Fischsud stark einkochen.

Über die Zanderschnitten auf dem Spinatbett eine Mornay-Sauce (siehe Seite 87) füllen. Das Gericht mit geriebenem Parmesankäse überstreuen und kurz im Ofen bräunen.

Fleischgerichte

Frische Blut- und Leberwurst

Meene Wurst is jut,
Wo keen Flesch ist,
Da is Blut.
Wo keen Blut ist,
Da sind Schrippen,
An mene Wurst is nich zu tippen!

Einmal in der Woche hing in den Berliner Schlachterläden ein Schild mit der
Aufschrift: Frische Blut- und Leberwurst!

Blutwurst aus Schweineblut, Speckwürfeln und Schwarten, gewürzt mit Salz, Pfeffer, Piment, Majoran, Thymian, Ingwer und Leberwurst aus Schweineleber, Schweinefleisch und Speck.
Zum Verdicken Semmel.
Diese Würste wurden mit kochendem Wasser überbrüht oder in Milch gelegt, dann abgetrocknet, in heißes Fett gelegt und braun gebraten.
Hierzu passen Sauerkraut und Kartoffeln.

4 Blutwürste und 4 Leberwürste
Schmalz zum Braten

Bratwurst in Bier

Wahrscheinlich haben die zur Gründerzeit in Berliner Kreisen so beliebten „Spreewälder Ammen", die in ihren bunten Trachten und mit ihren piekfeinen Kinderwagen den Berliner Tiergarten belebten, dieses Gericht aus ihrer Heimat mitgebracht.

4 Bratwürste
1 Flasche Berliner Weißbier oder irgendein Braunbier
50 g Speck und Butter, ausgelassen
1 Stück Pfefferkuchen
Salz
Zucker

Linas Rezept:
Vier Bratwürste blanchieren, abtrocknen, in ausgelassenem Speck rundherum braun braten, herausnehmen, warm stellen.
Den Bratensatz mit Kottbuser Weißbier oder Lübbener Braunbier ablöschen. Ein Stückchen Pfefferkuchen zugeben, gut verrühren, mit Salz und Zucker abschmecken. Die Würste einlegen und 8 bis 10 Minuten auf kleiner Flamme schmoren.
Zu diesem Gericht gehören Salzkartoffeln und Senfgurken.

Eisbein mit Sauerkohl und Erbspuree

1 Eisbein, mild gepökelt
Zwiebel
Lorbeerblatt
Pfeffer- oder Pimentkörner

Eisbein
Ein leicht angepökeltes Eisbein (Schweinedickbein) in Schweinefett ringsherum anrösten. Mit kochendem Wasser bedecken, eine Zwiebel, ein Lorbeerblatt und einige Pfefferkörner zugeben, weich kochen.

1/2 kg gelbe Erbsen
1 Zwiebel
2 Nelken
1 Lorbeerblatt
1 Kräutersträußchen
2 Räucherspeckscheiben
2 Zwiebeln

Erbsbrei
Ausgelesene, sauber gewaschene gelbe Erbsen in kaltem Wasser einweichen. Am anderen Tag mit einer mit 2 Nelken gespickten Zwiebel, einem halben Lorbeerblatt und einem Kräutersträußchen weichkochen. Die Gewürze herausnehmen, die Erbsen durch einen Durchschlag streichen, warm stellen. Kurz vor dem Anrichten Räucherspeckscheiben auslassen, Zwiebelscheiben darin gelb rösten, über den heißen Erbsbrei geben.
Das in Scheiben geschnittene Eisbein, Sauerkraut und Erbsbrei werden zusammen auf einer großen Schüssel angerichtet.

Spreewälder Ammen im Tiergarten
Foto: 1901

Die Weihnachtsgans

wurde zuerst einmal sauber gerupft, mit einem brennenden Papier abgesengt, gewaschen und eine Zeitlang in mehrfach erneuertes Wasser gelegt. Dann wurde sie sorgfältig von den Stoppeln befreit, abgetrocknet und innen mit Salz und zerkrümeltem Beifuß eingerieben.

Inzwischen war die Füllung, je nach der Größe der Gans, aus ein bis zwei Kilogramm geschälten, geviertelten und kurz in Butter angeschmorten Reinetten, gemischt mit 2 Eßlöffeln gequollener Sultaninen, bereitet worden.

Die Gans wurde nun gefüllt, zugenäht und mit der Brust nach unten in eine große, ovale Bratpfanne gelegt. Sie bekam einen guten Schuß kochendes Wasser mit auf den Weg und verschwand in dem vorgeheizten Bratofen.

Nach einiger Zeit begann das Begießen: einmal mit dem Bratensaft, einmal mit einem Schuß kochendem Wasser. Nach einer guten Stunde wurde die Gans vorsichtig auf den Rücken gedreht und die Haut unter den Keulen mehrfach mit einer Stopfnadel geprickt.

Nun änderte sich der Rhythmus des Begießens: das überschüssige Fett wurde abgeschöpft und dafür kochendes Wasser nachgefüllt.

Je nach Alter blieb die Gans 2 1/2 bis 3 Stunden im Ofen. Zu guter Letzt wurde sie mit kaltem Wasser besprengt und verblieb noch 10 Minuten unter stärkerer Hitze im Ofen.

Knusprig, braun und duftend kam sie auf eine große Schüssel, die Nähfäden wurde herausgezogen, und Gans und Schüssel verschwanden vorerst in der Wärmeröhre.

Der Pfannensatz, von dem das flüssige Fett abgeschöpft worden war, wurde mit saurer Sahne abgelöscht, mit Salz, Pfeffer und einer Prise Salz abgeschmeckt, zu einer köstlichen Sauce abgerührt.

Rotkohl, Salzkartoffeln und Preiselbeerkompott (von Lina Müller, Witwe aus Swinemünde bezogen) wurden zur Weihnachtsgans gereicht.

Gänseschmalz

Rohes Gänsefett wässern, in kleine Stücke schneiden, mit einem Eßlöffel Schweineschmalz in einen flachen Eisentopf geben, einen Schuß kaltes Wasser zufügen. Das Fett auf schwachem Feuer auslassen, bis die Grieben knusprig und leicht gebräunt sind.

Das ausgelassene Fett in eine Porzellanschale gießen. Grieben und Rückstand aus dem Eisentopf entfernen.

Kleine säuerliche Äpfel schälen, das Kerngehäuse entfernen, die Äpfel klein schneiden, in den Eisentopf geben. Das Gänsefett durch ein Sieb auf die Äpfel füllen, etwas Thymian zugeben, mit Salz abschmecken. Auf kleinem Feuer ziehen lassen, bis die Apfelstücke weich sind. Das Gewürz herausfischen. Das Gänsefett in kleinen Steintöpfen aufbewahren.

Gänseschmalz war ein beliebter Aufstrich für das Kommisbrot der Soldaten, das die Köchin Martha gegen ein Weißbrot eintauschte.

Gänsefett
Süß-säuerliche Äpfel
Thymian
Salz

Hammelfleisch mit Zwiebeln

500 g nicht zu fettes Hammelfleisch in Würfel schneiden, gut mit Fleisch- oder Knochenbrühe bedeckt, mit kleingeschnittener Zwiebel und Wurzelwerk zum Kochen bringen, abschäumen und auf kleiner Flamme weiterkochen.

200 bis 250 g Zwiebeln in Ringe schneiden, in Fett gelb werden lassen, auf das Hammelfleisch geben. Mit Kümmel, Salz und weißem Pfeffer würzen; kochen lassen, bis das Fleisch gar ist.

Eine Mehlschwitze mit der abgegossenen Hammelbrühe ablöschen, auffüllen und über das Hammelfleisch geben. Weitere 5 Minuten dünsten lassen.

Mit Kartoffelbrei reichen.

500 g Hammelfleisch
(von Hals, Brust oder Dünung)
1 Zwiebel
200 – 250 g Zwiebeln
Wurzelwerk
Butter, Mehl
Kümmel, Salz, weißer Pfeffer

Hoppelpoppel, eine Berliner Spezialität

Pellkartoffeln
Zwiebeln
Fett
Geschmortes Rindfleisch
Gewürzgurke
Salz, Pfeffer
Muskatnuß
Majoran
2 – 3 Eier
Sahne
Petersilie

Pellkartoffeln schälen, in nicht zu feine Scheiben schneiden, mit fein gehackten Zwiebeln in Fett braten. Geschmortes Rindfleisch in kleine Würfel schneiden und mit klein geschnittenen Gewürzgurken unter die Bratkartoffeln mischen. Mit Salz, Pfeffer, Kümmel, einer Spur Muskat und Majoran würzen.
Je nach der Größe des Gerichts zwei bis drei Eier mit Sahne verschlagen, über die Bratkartoffeln geben. Das Hoppelpoppel auf kleiner Flamme stocken lassen. Mit Petersilie bestreut anrichten.

Königsberger Klopse

300 g Rind-Hackfleisch
200 g Schweine-Hackfleisch
2 Semmeln
1 Zwiebel
1 Ei
4 – 5 Sardellenfilets
Salz
Pfeffer
Kapern-Sauce

Für die Brühe
2 Eßl. Essig
1 Zwiebel
1 Lorbeerblatt
Pfefferkörner
Salz

Das Rind- und Schweine-Hackfleisch, die eingeweichten, gut ausgedrückten Semmeln, die geriebene Zwiebel, das Ei und die feingehackten, durch ein Sieb gepreßten Sardellenfilets werden vermengt, mit Salz und Pfeffer abgeschmeckt. Vorsicht mit dem Salz, die Sardellen sind schon salzig. 3/4 l Wasser mit Essig, Zwiebeln, Lorbeerblatt und Pfefferkörnern aufkochen, mit Salz abschmecken, 15 Minuten kochen lassen.
Die Brühe durchgießen.
Mit bemehlten Händen runde Klößchen von der Fleischmasse formen. Die Klößchen in der sachte kochenden Brühe gar machen, herausheben, in eine warme Schüssel geben.
Mit einer Kapern-Sauce bedeckt reichen.

Belle-Alliance-Straße (mit Reitweg von der Yorkstraße zum Halleschen Tor)
Foto: 1900

Berliner Hühnerfrikassee (für 4 bis 6 Personen)

1 Suppenhuhn
Suppengrün
Salzwasser
60 g Butter
80 g Mehl
1/2 l Brühe
2 Sardellenfilets
2 Eigelb
Weißwein zum Ablöschen
Zitronensaft und -schale
Pfefferkörner
Kalbszunge
Kalbsbries
Kuheuter
Morcheln
Champignons
Krebsbutter
Krebsnasen
Blätterteig-Halbmonde

Ein nicht zu altes und zu großes Suppenhuhn mit Suppengrün in leicht gesalzenem Wasser weich kochen. Das Huhn herausnehmen, abhäuten, in Stücke tranchieren. Die Brühe durchgießen, die Hühnerstücke zurückgeben, warm stellen.

Sauce
Eine Buttermehlschwitze bereiten, mit Hühnerbrühe ablöschen. Zwei Sardellenfilets zugeben. Sauce vom Feuer nehmen.
Zwei Eigelb mit Weißwein verrühren, die Sauce damit legieren, durchgießen, mit ein paar Tropfen Zitronensaft und -schale, Pfefferkörnern und Salz abschmecken, warm stellen.

Ragout
Scheibchen von gekochter, abgezogener Kalbszunge, von gekochtem Kalbsbries und gekochtem Kuheuter, sowie leicht in Butter gedünstet, blättrig geschnittene Morcheln und Champignons in die Sauce geben, die Hühnerstücke zufügen. Das Frikassee auf kleiner Flamme warm werden lassen. Die Sauce bei Bedarf mit etwas Brühe verlängern.
Mit Krebsbutter beträufeln, mit Krebsnasen und Blätterteig-Halbmonden garniert, reichen. Je nach Appetit für 4 – 6 Personen.

Kuheuter

1 Stück Kuheuter
Wurzelgemüse
Salz

Ein gutes Stück drei bis vier Stunden wässern, abbrühen, in Brühe von Wurzelgemüse je nach Alter des Tieres drei bis vier Stunden weich kochen. Die Haut abziehen und in kleine Stücke schneiden.

Berliner Schnitzel

1 Stück Kuheuter
Salz, Pfeffer
Ei, Paniermehl
Fett zum Braten

Ein gutes Stück Kuheuter, das in der üblichen Manier vorbereitet worden ist, wird in Scheiben geschnitten, mit Salz und Pfeffer bestreut, in Ei und Paniermehl gewendet und in Fett knusprig gebraten.
Dazu wird Kartoffelsalat gereicht.

Lungenhaschee

Eine Kalbslunge und ein Kalbsherz waschen, mit Suppengrün und einer Gewürzdosis in heißem Wasser aufsetzen, weichkochen, abkühlen lassen. Herz und Lunge von Sehnen und Fett säubern, mit der Hand fein hacken. Eine Zwiebel fein schneiden, anbräunen, Mehl überstreuen, mit der durchgegossenen Kochbrühe ablöschen, auffüllen, mit Salz, Pfeffer, Zitronensaft und Paprika abschmecken. Das gehackte Fleisch in der Sauce heiß werden lassen. Pellkartoffeln und Salzgurken dazu reichen.

1 Kalbslunge
1 Kalbsherz
Suppengrün
Gewürzdosis (2 Pfefferkörner,
2 Gewürzkörner, 1 Nelke,
1/2 Lorbeerblatt)
1 l Wasser
Butter
Mehl
Zwiebel
Kochbrühe
Salz/Pfeffer
Zitronensaft
Paprika

Ochsenzunge mit Rosinen

Eine Ochsenzunge warm abwaschen, abbürsten, abbrühen, in kaltem Salzwasser aufsetzen, nach einer Stunde Suppengrün zugeben, weichkochen (ca. 2 1/2 – 3 Std.). Die Brühe durchgießen.
Die Zunge abziehen, Schlundfleisch und Fett abschneiden, die Zunge in schräge Scheiben schneiden, warm stellen.
Eine dunkle Butterschwitze bereiten, mit der Brühe ablöschen, zu einem halben Liter Sauce auffüllen. Mit Salz, Pfeffer, Zitronensaft, Weißwein und Zucker abschmecken. Zwei volle Eßlöffel gequollene Rosinen zugeben. Die heiße Sauce über die Zungenscheiben gießen und sofort anrichten.

1 Ochsenzunge
Suppengrün
Salzwasser
1/2 l Brühe
Weißwein
Salz, Pfeffer
Zitronensaft
Zucker
2 Eßl. Rosinen

Ragout fin für kleine Pasteten

1 Kalbsbries
125 g Kalbfleisch
Champignons
Béchamelsauce

Kalbsbries mit kaltem Wasser waschen, einige Zeit einweichen, von Häuten säubern, mit Essigwasser blanchieren. 10 Minuten in Weißwein dünsten. Abkühlen lassen und in kleine Würfel schneiden. 125 g gekochtes Kalbfleisch ebenfalls in kleine Würfel schneiden. Einige blättrig geschnittene Champignons 1 Minute in Butter dünsten. Bries, Kalbfleisch und Champignons mischen, eine leichte Béchamelsauce übergießen, das Ragout warmstellen.

Ragout fin für Blätterteigpastetchen

Ein beliebtes Berliner Vorgericht. Die Pastetchen wurden meistens in einer Konditorei, mit Vorliebe bei Hillbricht in der Leipziger Straße, hergestellt. Das Ragout wurde dagegen in der eigenen Küche zubereitet.

500 g Kalbfleisch
1 Kalbsbries
1 kleine Kalbszunge
125 g Champignons
Suppengrün
Mehl
Butter
Brühe
1 Eigelb
1 Tasse Sahne
Salz, Pfeffer
Zitronensaft
Paprika

500 g Kalbfleisch und eine kleine Kalbszunge in Salzwasser mit Suppengrün weich kochen, glatt putzen. Die Zunge häuten. Kalbsbries vorbereiten, in einem Topf mit geschlossenem Deckel in Butter dünsten. Kalbfleisch, Kalbszunge und Kalbsbries in kleine Würfel schneiden, warm stellen.
Eine helle Buttermehlschwitze bereiten, mit der durchgegossenen Brühe ablöschen und auffüllen, vom Feuer nehmen. Löffelweise eine Tasse mit Eigelb abgerührte Sahne in die Sauce rühren. Mit Salz, Pfeffer, Zitronensaft und Paprika abschmecken.
125 g geputzte, blättrig geschnittene Champignons leicht in Butter andünsten. Fleischwürfel und Champignons in die Sauce geben, warm stellen.
Kurz vor dem Anrichten das Ragout in die Pastetchen füllen und die Pastetchen noch einige Minuten in den heißen Ofen stellen.

*Das Prinzessinnenpalais
Heliogravure von Rudolf Dührkoop, um 1900*

Rehbraten

Meistens ist das ein Rehrücken oder eine Rehkeule, die ein befreundeter passionierter Jäger ins Haus schickt. Als das Damwild im Grunewald noch nicht das ganze Jahr Schonzeit hatte, konnte es auch ein Stück Wildbret vom Damwild sein.

1 Rehrücken
60 g fetter Speck
70 – 80 g Butter
1/2 l heißes Wasser
5 – 6 Wacholderbeeren
1/2 Tasse saure Sahne
Salz / Pfeffer

Nach dem Abhängen wird der Rehrücken ein bis zwei Tage in Butter- oder Sauermilch gelegt, abgetrocknet und abgehäutet. Der Rücken wird dann mit Speckstreifen umwickelt, in brauner Butter rundherum gut angebraten. Bevor die Pfanne mit dem Rücken in den vorgeheizten Ofen kommt, werden einige Wacholderbeeren und ein Schuß Rotwein beigegeben. Während des Bratens öfter mit dem Bratensaft unter Beigabe von etwas heißem Wasser begießen. Bratzeit je nach Größe 45 – 60 Minuten.
Den Bratensaft mit Fleischbrühe ablöschen, mit saurer Sahne auffüllen, durchkochen, mit Salz und Pfeffer abschmecken.

Rindsrouladen

4 große Scheiben aus der Rinderkeule
Salz, Pfeffer
Mostrich
Paprika, Zwiebel
100 g fetter Speck
Mehl
Fett
Butter
Saure Sahne oder Buttermilch

Vier Scheiben aus der Rinderkeule mit Küchenpapier leicht abtupfen. Jede Scheibe mit Mostrich bestreichen, mit Salz, Paprika, gehackter Zwiebel bestreuen, ein Streifchen fetten Speck auflegen, die Rouladen aufrollen, mit weißem Garn umwickeln.
Die Rouladen in Mehl wenden, in einer Pfanne in Fett bräunen.
Einen breiten Topf mit Butter ausstreichen, die Rouladen nebeneinander hineinlegen, aufs Feuer stellen, mit 1/8 Liter kochendem Wasser begießen.
Einen Deckel auflegen, die Rouladen bei kleiner Flamme 50 – 70 Minuten schmoren lassen. Bei Bedarf kochendes Wasser nachfüllen.
Die fertigen Rouladen auf eine warme Schüssel legen, warm stellen. Den Schmorsatz mit Wasser ablösen, mit einer Tasse saurer Sahne oder Buttermilch verrühren. Die Sauce leicht mit Mehl verdicken. Die Rouladen in die Sauce geben, bis zum Anrichten warm stellen.

Rinderbrust mit Meerrettich und Bouillonkartoffeln

Ein Kilogramm nicht zu fettes Fleisch aus der Rinderbrust mit kochendem Wasser aufsetzen, nach einer Stunde Suppengrün und Wurzelwerk zugeben, auf kleinem Feuer gar sieden.
Kurz vor dem Anrichten wird das Fleisch aus der Brühe genommen, in Scheiben geschnitten und mit einer Meerrettichsauce zu Tisch gegeben.
Man reicht Bouillonkartoffeln dazu.

1 kg Rinderbrust
Salz
Suppengrün
Wurzelwerk

Meerrettich-Sauce

Eine helle Grundsauce aus Fett, Mehl, Wasser und Milch bereiten. Mit Salz und Zucker ziemlich süß abschmecken. Drei bis vier Eßlöffel fein geriebenen Meerrettich zugeben, aber nicht mitkochen lassen. Die Sauce nach Geschmack mit Zitronensaft abschmecken.

1 Stück frische Meerrettichwurzel
2 Eßl. Mehl, 2 Eßl. Fett
1/4 l Wasser, 1/4 l Milch
Salz, Zucker
Zitronensaft

Bouillonkartoffeln

Fein geschnittene Zwiebeln, Mohrrüben, Lauch, ein Stückchen Sellerieknolle, 1 Petersilienwurzel in Butter oder Bouillonfett anschmoren, mit Salz und Pfeffer abschmecken. Mit durchgegossener Rindfleischbrühe auffüllen. Wenn das Gemüse weich zu werden beginnt, in Würfel geschnittene, rohe Kartoffeln beigeben.
Sobald die Kartoffeln gar sind, ein Stückchen frische Butter untermischen und Petersilie überstreuen.

1 – 2 Zwiebeln
2 Mohrrüben
2 Stengel Lauch
1 Stückchen Sellerieknolle
Kartoffeln
Rindfleischbrühe
Salz, Pfeffer
Bouillonfett
Butter
Gehackte Petersilie

Kasseler Rippespeer

Eins der guten alten Berlin-Gerichte, das seinen Namen nicht der Stadt Kassel verdankt, sondern einem um die Jahrhundertwende in Berlin sehr bekannten Fleischermeister Cassel. In seinem sehr gut gehenden Fleisch- und Wurstladen bot er ein gepökeltes und geräuchertes Schweinerippenstück an.

1 Rippespeer
Sahne
Wasser
Mondamin

Dieses Rippenstück wurde ein bis zwei Stunden gewässert, dann abgetrocknet, die äußere Fettschicht mehrfach eingeritzt. Mit ein wenig Wasser in einer großen eisernen Bratpfanne wurde es im vorgeheizten Ofen etwa 1 – 1 1/2 Stunden unter öfterem Begießen gebraten.
War das Wasser verkocht, so ließ man das Rippenstück in dem entstandenen Fett bräunen und unter Zugießen von kochendem Wasser gar werden.
Dieser köstliche Braten bedurfte keines Gewürzes. Aus dem Bratensatz wurde durch Zugabe von Sahne und kochendem Wasser eine Sauce bereitet, die mit 1 Teelöffel in Wasser angerührtem Mondamin verdickt wurde.
Man reiche Spinat, Sauerkraut oder Rotkohl und Kartoffeln dazu.

Sauerbraten

750 – 1000 g Rindfleisch
(Schwanzstück)
1/2 l Essig
1 Gewürzdosis (2 Pfefferkörner,
2 Gewürzkörner, 1 Nelke,
1/2 Lorbeerblatt)
2 Zwiebeln
50 g Speck und Butter (ausgelassen)
Salz
1/2 l kochendes Wasser
1 Stück Pfefferkuchen
1 Schwarzbrotrinde
1 Eßl. Johannisbeergelee

Rindfleisch mit 1/2 Liter kochendem Essig begießen, 24 Stunden darin liegen lassen. Das Fleisch herausnehmen, abtrocknen.
In einer großen Bratpfanne Speck und Butter in gleichen Teilen auslassen. 2 zerschnittene Zwiebeln darin bräunen. Das Fleisch einlegen und ringsherum schön bräunen. 1/2 Liter kochendes Wasser zugießen. Ein Stückchen Pfefferkuchen und eine Schwarzbrotrinde mit einer Gewürzdosis dazugeben. Nach und nach von dem Essig an die Sauce geben, Pfefferkuchen und Brotrinde gut verkochen. Das Fleisch öfters mit der Sauce begießen, 2 bis 2 1/2 Stunden schmoren lassen. Zuletzt einen Eßlöffel Johannisbeergelee in die Sauce rühren.

Brandenburger Tor, davor der Pariser Platz
Foto: um 1900

1 Schweinekarree zu vier Koteletts
1 Zwiebel, Wurzelwerk, 2 Mohrrüben
Essig
Zucker
Salz
15 Blatt weiße Gelatine
2 hart gekochte Eier
2 Mohrrüben, gekocht
2 Gewürzgürkchen

Sülzkoteletten

Ein frisches Schweinekarree, aus dem man vier schöne Koteletts schneiden kann, mit einem zerhackten Kalbsfuß in Wasser abkochen, abschäumen, Zwiebel und Wurzelwerk zugeben, mit Salz und etwas Essig abschmecken. Das Fleisch garkochen, aus der Brühe nehmen, kalt stellen.

Die Brühe ebenfalls erkalten lassen, entfetten, mit Zucker und Essig nochmals säuerlich abschmecken. Je Liter Brühe 15 Blatt weiße Gelatine zugeben, gut auflösen lassen, die Brühe durch ein Sieb mit Filtrierpapier laufen lassen, kalt stellen.

Wenn keine Sülzkotelettformen vorhanden sind, eine große flache Schüssel kalt ausspülen, den Boden mit halb erstarrtem Gelee ausgießen, erstarren lassen. Inzwischen das Karreestück in vier Koteletts schneiden, die Koteletts nebeneinander in die Schüssel legen, mit Scheiben von harten Eiern, halben Mohrrüben und halben Gewürzgurken belegen, das restliche Gelee darüber gießen, kalt stellen.

Vier Koteletts mit Gelee aus der Schüssel schneiden und einzeln anrichten.· Wenn Sülzkotelettformen vorhanden, die Formen vor dem Anrichten stürzen.

Zu diesem Gericht werden Bratkartoffeln gegeben.

Saucen

Cumberland-Sauce

2 kleingeschnittene Schalotten und die kleingeschnittene Schale von einer Orange und einer Zitrone mit Wasser bedeckt 10 Minuten kochen. Durch ein Sieb streichen. 1 Dessertlöffel französischen Mostrichs, 1 Glas Portwein, 1 Teelöffel geriebenen Ingwer, 1 Teelöffel Weinessig zugeben. Mit Salz und 1 Messerspitze Cayennepfeffer würzen, kurz aufkochen und zuletzt 1 Eßlöffel Johannisbeergelee zugeben.

2 Schalotten
1 Orange
1 Zitrone
Französischer Mostrich
Portwein
Ingwer
Weinessig
Salz
Cayennepfeffer
Johannisbeergelee

Dill-Sauce

Mehl und Butter anschwitzen, mit 1/2 l Sahne oder Milch ablöschen, aufkochen. Mit Salz, Zitronensaft und einer Prise Zucker abschmecken. Die Sauce vom Feuer nehmen und sofort mit einem in wenig Milch verrührten Eigelb verquirlen. Zuletzt 2 gehäufte Eßlöffel gehacktes Dillgrün an die Sauce geben.

2 Eßl. Butter
2 Eßl. Mehl
1/2 l Sahne oder Milch
Salz
Zitronensaft
Zucker
Dillgrün

Gurken-Sauce (von frischen Gurken)

1 grün-gelbliche Gurke
2 Eßl. Speck
3 Eßl. Mehl
1/2 l Brühe (aus Fleisch
oder aus Knochen)
Weinessig
Salz
Zucker

2 Eßlöffel ausgelassenen Speck mit 3 Eßlöffeln Mehl abschwitzen, mit einem halben Liter Brühe ablöschen.
Eine frische grün-gelbliche Gurke schälen, das Innere mit silbernem Löffel auskratzen, das Gurkenfleisch in kleine Würfel schneiden, in die Sauce geben, glasig kochen.
Mit Weinessig, Salz und Zucker abschmecken.

Hagebutten-Sauce

1 kg frische Hagebutten
1/4 l Wasser
Zucker
Rotwein nach Bedarf

1 Kilogramm frische rote Hagebutten von den Kernen befreien. Mehrere Male mit Hilfe einer Federpose in warmem Wasser waschen, durch Abrubbeln die anhaftenden feinen Härchen entfernen. (Man kann die Hagebutten auch vor dem Waschen mit einem groben Tuch abreiben, um sie von den feinen Härchen zu befreien.)
Die Hagebutten mit 1/4 Liter Wasser bedeckt weich kochen. Das Hagebuttenmus durch ein Sieb streichen, mit Rotwein verdünnen, nach Geschmack süßen.
Besonders gut zu Wildschweingerichten.

Holländische Sauce

100 g Butter
4 Eigelb
1 Zitrone
Salz
Weißer Pfeffer
Muskat

100 g Butter in kleine Stückchen pflücken. In einer kleinen Kasserole 4 Eigelb verrühren. Die Kasserole in ein Bad von siedendem Wasser (Bainmarie) stellen und die Eigelb schlagen, bis sie sich verdicken.
Nach und nach die Butter zugeben, weiterschlagen, bis alle Butter aufgenommen ist. Die Sauce muß dick werden, aber sie darf nicht kochen. Mit dem Saft einer halben Zitrone, etwas geriebener Zitronenschale, weißem Pfeffer, Salz und einem Hauch Muskat würzen.

Unter den Linden, links das Palais Kaiser Wilhelm I. und die Bibliothek
Foto: um 1900

84

Kapern-Sauce

2 Eßl. Mehl
2 Eßl. Butter
1/2 l Flüssigkeit (halb Milch,
halb Brühe)
1 Eßl. Essig,
1 Eigelb
3 – 4 Eßl. Kapern

Aus 2 Eßlöffeln Mehl und 2 Eßlöffeln Butter eine Mehlschwitze bereiten, mit knapp 1/2 Liter Flüssigkeit ablöschen.

Die Sauce mit 1 Eßlöffel Essig (aus der Kaperndose), einer Prise Zucker und Salz abschmecken. Nach Belieben mit einem zerschlagenen Eigelb legieren. Vor dem Anrichten einen Eßlöffel gehackte Kapern zugeben, nach Belieben mehr.

Kirsch-Sauce

Weichsel- oder Sauerkirschen
Johannisbeergelee
Mostrich
Weinessig

Frische große Weichsel- oder Sauerkirschen waschen, entkernen, halbieren, kochen.

Das Kirschmus mit Johannisbeergelee zu einer Sauce verrühren. Auf je 500 g Kirschen 2 Teelöffel Mostrich, der in 3 Eßlöffeln Weinessig verrührt worden ist, zugeben.

Mit 1 Teelöffel Zimt und Pfeffer abschmecken. Kalt reichen.

Krebs-Butter

Schalen und Köpfe von
gekochten Flußkrebsen
gleiche Menge Butter

Schalen und Köpfe von gekochten Flußkrebsen in einem Marmormörser fein zerstoßen, die gleiche Menge Butter hinzufügen und mit zerstoßen und verreiben.

Die fertige Paste in einer kleinen Pfanne 20 Minuten auf schwachem Feuer halten.

Eine Porzellanschüssel mit eiskaltem Wasser füllen. Die Krebsbutter durch ein feines Tuch in das kalte Wasser gießen und etwas später abschöpfen.

Majoran-Butter

2 Teelöffel fein zerstoßener Majoran mit 80 g frischer Butter verarbeiten, mit ein paar Tropfen Zitronensaft und frisch gemahlenem Pfeffer abschmecken, kalt stellen.

Man kann die Blättchen vom frischen Majoran, aber auch die vom getrockneten verwenden. Majoran hat ein starkes Aroma und muß vorsichtig verwendet werden.

1 Teel. fein zerstoßener Majoran
80 g frische Butter
1 Zitrone
Salz
Pfeffer

Meerrettich-Sauce

Der im Spreewald bei Berlin angebaute Meerrettich (lat. Cochlearia Amoracia) galt als besonders gut und war bei den Berlinern sehr beliebt. Er wurde feingerieben nicht nur gekocht in Saucen, sondern auch roh mit leicht gesalzener Schlagsahne oder mit einem geriebenen, süßen Apfel und etwas Honig gemischt, gern gegessen.

Zur Sauce wird eine weiße Mehlschwitze mit Fleischbrühe aufgefüllt, gekocht. Dann fügt man 100 g mit etwas Sahne vermischten geriebenen Meerrettich hinzu, läßt heiß werden, aber nicht kochen, legiert die Sauce mit 1 – 2 Eigelb und schmeckt mit etwas Zitronensaft ab.

1 Wurzel Meerrettich
Schlagsahne
Salz oder
1 süßer Apfel
Bienenhonig

Sauce
1 Wurzel Meerrettich
Mehl
Butter
Fleischbrühe
Sahne
1 – 2 Eigelb
Zitronensaft

Mornay-Sauce

Eine Mehlschwitze aus 30 g Mehl und 40 g Butter mit Milch ablöschen, durchkochen, auf kleiner Flamme quellen lassen. Zwei Eigelb mit einem Löffel Wasser verrühren, vorsichtig zugeben und verrühren. Sauce vom Feuer nehmen. Geriebenen Käse (halb Parmesan, halb Gruyère) einrühren. Von dem eingekochten Fischsud nach Bedarf zugeben und zuletzt 60 g frische Butter zufügen.

30 g Mehl
40 g Butter
Milch
Salz
Pfeffer
4 Eßl. geriebener Käse
60 g Butter
Fischsud

Polnische Sauce

3 Eßl. Mehl
3 Eßl. Butter
1 Flasche Braunbier
3 kleine Zwiebeln
3 Gewürznelken
2 Lorbeerblätter
Zitrone
Pfefferkörner
1 Stück Honig- oder Pfefferkuchen
Himbeer- oder Johannisbeergelee

3 Eßlöffel Mehl und 3 Eßlöffel Butter anschwitzen, mit 1 Flasche Braunbier ablöschen. 3 kleine Zwiebeln mit je 1 Gewürznelke besteckt, 2 Lorbeerblätter, 1 Stückchen Zitronenschale und 3 – 4 Pfefferkörner zufügen.
1 Stück Honig- oder Pfefferkuchen in die Sauce reiben. Unter ständigem Rühren auf kleiner Flamme kochen lassen, bis die Sauce sämig wird. Vom Feuer nehmen und durchgießen.
Mit braunem Zucker, Zitronensaft, Salz und 2 Eßlöffeln Himbeer- oder Johannisbeergelee abschmecken.

Senf-Sauce (Mostrich-Sauce)

3 Eßl. Mehl
2 Eßl. Fett
1/4 l Fleischbrühe
2 Eßl. Senf
1/2 Tasse Sahne
1/2 Glas Weißwein
1 Eßl. Zitronensaft
Salz
Zucker
Pfeffer

2 Eßlöffel Fett mit 3 Eßlöffeln Mehl anschwitzen, mit 1/4 l Fleischbrühe ablöschen, abrühren, aufkochen lassen. 2 Eßlöffel Senf mit 1/2 Tasse Sahne verrühren, mit 1/2 Glas Weißwein auffüllen, nach und nach in die heiße Grundsauce einlaufen lassen.
Mit 1 Eßlöffel Zitronensaft, Salz, Zucker, Pfeffer abschmecken.
Zu gedünstetem Schellfleisch oder Zander reichen.

Die Moltkebrücke im Bezirk Tiergarten.
Im Hintergrund links das Marinepanorama, rechts der Lehrter Bahnhof
Foto: um 1890

Vanille-Sauce

1/2 l Milch
1 Vanilleschote, falls nicht vorhanden
1 Päckchen Vanillezucker
Zucker
Salz
1 Eigelb

Von einem halben Liter Milch einige Eßlöffel abnehmen, einen Teelöffel Stärkemehl damit verrühren.

Restliche Milch mit einer halben aufgeschnittenen Vanilleschote, ein bis zwei Eßlöffeln Zucker und einer Prise Salz bis zum Siedepunkt bringen, vom Feuer nehmen, erkalten lassen. Vanilleschote herausnehmen.

Die Milch wieder zum Kochen bringen, das aufgelöste Stärkemehl einrühren, aufkochen, vom Feuer nehmen. Ein mit einem Teelöffel Wasser verschlagenes Eigelb in die Milch geben, umrühren.

Die Vanille-Sauce warm oder kalt reichen.

Zwiebel-Sauce nach alter Art

3 – 4 Zwiebeln
2 Eßl. Nierenfett
1 Tasse Fleischbrühe
1 Teel. Kümmel
Salz

Zwiebeln in dünne Scheiben schneiden, in 2 Eßlöffeln Nierenfett goldgelb schmoren, mit einer Tasse Fleischbrühe auffüllen, 1 Teelöffel Kümmel zugeben, aufkochen, bis die Zwiebeln weich sind, mit Salz abschmecken.

Gut zu gekochtem Rindfleisch und Hammelkarbonade.

Zwiebel-Sauce nach neuer Art

150 g Zwiebeln
30 g Butter
40 g Mehl
1/2 l Wasser
Salz
Zucker
Essig

Zwiebeln in Scheiben schneiden, mit Butter goldgelb dünsten. Mehl einstreuen, braundünsten. Nach und nach Wasser auffüllen, aufkochen. Mit Salz und einer Prise Zucker abschmecken. Einen kleinen Schuß Essig zu der Sauce geben.

Pilze

Champignons gratinés sur le plat à la crème (nach Fehér)

Frische Champignons von gleicher Größe putzen, eventuell waschen, abtrocknen, in Mehl wenden, kurz vor dem Anrichten in Butter braten.
Eine zerschnittene Zwiebel in Butter anbräunen, mit saurer Sahne ablöschen, mit etwas weißer Sauce verlängern, heiß über die Champignons geben. Im heißen Ofen 5 Minuten stark gratinieren.
Auf silberner Schüssel anrichten.

Champignons
Butter
Mehl
1 Zwiebel
Butter
Weiße Sauce

Morcheln

ein Delikateßpilz

Frische Morcheln sind vom März bis zum Mai auf dem Markt, sie sind jedoch selten anzutreffen. Man muß sich meistens mit Dosenware begnügen.

Gedünstete Morcheln
Da frische Morcheln sehr sandig sind, muß man sie mehrfach unter fließendem Wasser waschen.
Putzen und in zerlassener Butter dünsten. Mit Salz, Pfeffer und Zitronensaft abschmecken.
Mit gehackter Petersilie bestreut anrichten.

500 g frische Morcheln
Butter
Salz, Pfeffer
Zitronensaft
Petersilie

Pfifferlinge

Ein kleiner pfefferig schmeckender, dottergelber, trichterförmiger Pilz, den man zu Beginn dieses Jahrhunderts noch vielfach in Berlins Umgebung und sogar im nahen Grunewald fand. Er war so recht ein Pilz der Berliner Küche.

500 g frische Pfifferlinge
1 Zwiebel
Butter
Salz, Pfeffer
Zitronensaft
Petersilie

Pfifferlinge sauber putzen, mehrfach waschen, gut abtrocknen lassen. Eine gehackte Zwiebel in Butter glasig werden lassen, die Pilze zugeben, auf kleiner Flamme zugedeckt etwa 25 Minuten schmoren. Mit Pfeffer, Salz und gehackter Petersilie würzen.
Von Juni bis August sind die Pfifferlinge frisch im Handel.

Steinpilze

Steinpilze
Schalotten
Butter
Saure Sahne
Salz/Pfeffer
Gehacktes Fenchelkraut/Petersilie

Steinpilze waschen, gut abtrocknen, putzen, in kleine Stücke schneiden. Die Pilze mit gehackten Schalotten in Butter dünsten, vorsichtig heiße saure Sahne übergießen und etwas eindicken lassen.
Die Steinpilze vor dem Anrichten mit Salz und Pfeffer abschmecken, mit gehacktem Fenchelkraut und Petersilie überstreuen.

Blick auf den Spittelmarkt von der Seydelstraße aus in Richtung Gertraudenstraße
Foto: 1896

Dörr hielt das Gewöhnlichste zugleich für das Vorteilhafteste, zog deshalb Majoran und andere Wurstkräuter, besonders aber Porree, hinsichtlich dessen er der Ansicht lebte, daß der richtige Berliner überhaupt nur drei Dinge brauche: eine Weiße, einen Gilka und Porree. „Bei Porree", so schloß er dann regelmäßig, „ist noch keiner zu kurz gekommen".

Irrungen, Wirrungen
Theodor Fontane (1819 – 1898)

Gemüse

Grünkern

Grünkern wird aus einem uralten Nahrungsmittel der Menschheit, dem Spelz
oder Dinkel hergestellt.
Das Grünkorn ist nichts anderes als das im milchreifen Zustand geerntete Korn
des Dinkel oder Winterspelz.
Es gehört allerdings viel Sachkenntnis und Handarbeit dazu, damit aus den
grünen Dinkelkörnern Grünkernmehl wird. Die Ährenkolben, die noch am
Erntetag zur Darre gebracht werden müssen, werden dort in einem 2 – 3 stündigen
Röstprozeß gedarrt. Anschließend werden sie geputzt, gegerbt, das heißt geschält,
und schließlich kommen sie in die „Windfege", die ihnen die letzte Reinigung
gibt.
Den Dinkelanbau und die Herstellung des fränkischen Grünkerns teilen sich
einige badische Landkreise und württembergische Gemeinden zwischen Neckar
und Main und im Jagstkreis. Sie können sich eines schon 300 Jahre alten
Weltmonopols der Grünkernherstellung rühmen.

Grundregel:
Geschrotete Grünkerne 12 Stunden vor Gebrauch einweichen.
Grünkernmehl kalt anrühren, bevor man es in die kochende Flüssigkeit gibt.

96

Bouillonkartoffeln

Fein gewiegte Zwiebeln sowie Mohrrüben, Lauch, Sellerie und etwas Petersilienwurzel in Butter oder Bouillonfett anschwitzen. In Würfel geschnittene rohe Kartoffeln zugeben, mit Salz und Pfeffer würzen, ein Stückchen frische Butter zufügen, mit Rindfleischbrühe auffüllen. Sobald die Kartoffeln gar sind, anrichten und frische, gehackte Petersilie überstreuen.

1 kg Kartoffeln
Zwiebeln
Mohrrüben
Lauch
Petersilienwurzel
Sellerie
Butter oder Bouillonfett
Salz/Pfeffer
Rindfleischbrühe
Petersilie

Kartoffelpuffer,
ein sehr beliebtes Gericht in Berlin

Ein Kilogramm weiße, geschälte Kartoffeln mit der Hand in ein großes Gefäß reiben, auf einem Durchschlag abtropfen lassen, die angesammelte Stärke wieder zur Kartoffelmasse zugeben, mit einem Eßlöffel Weizenmehl mischen. Mit Salz abschmecken.
Einen vollen Eßlöffel Schweineschmalz in einer eisernen Pfanne sehr heiß werden lassen, einen Löffel Kartoffelmasse hineingeben, glatt streichen. Eine Seite knusprig backen, umdrehen und die andere Seite backen.
Da der Teig feucht ist, müssen die Puffer bei großer Hitze backen. Vorsicht! Heißes Schmalz spritzt.

Kartoffelpuffer müssen heiß gegessen werden. Man legt sie am besten nebeneinander auf eine Schüssel, die auf einem Topf mit sanft kochendem Wasser auf dem Herd steht.
Zu den Kartoffelpuffern wird heißer Kaffee getrunken oder Apfelmus gegessen.

1 kg weiße Kartoffeln
1 Eßlöffel Mehl
Salz
Schweineschmalz

Wohnhaus in der Münzstraße 28
Foto: 1906

97

Leipziger Allerlei

war ein beliebtes Gemüsegericht in Berlin, aber „die perfekte Köchin" lehnte die übliche Zubereitung, bei der das Gemüse in einer Butterschwitze und mit Krebsbutter zubereitet wurde, ab. Sie zog das folgende Rezept vor:

Grüne Erbsen
Kleinste Karotten
Butter, Salz, Pfeffer
Gehackte Petersilie

Grüne Erbsen auspahlen, in kochendem Wasser weich kochen.
Kleinste Gartenkarotten (statt der Mohrrüben) waschen, abputzen, ebenfalls in kochendem Wasser weichkochen. Beide Gemüse mischen, in Butter abschwenken, mit Salz und Pfeffer abschmecken. Mit gehackter Petersilie bestreut reichen.

Löffelerbsen mit Speck

500 g gelbe Erbsen
Sellerie
Lauch
Zwiebel
Thymian
Salz
2 l Wasser

Gelbe Erbsen am Tage zuvor auslesen, waschen, einweichen. In Würfel geschnittene Sellerieknolle, Lauchstückchen und zerschnittene Zwiebeln in Bouillonfett andünsten, die Erbsen und ein Stück mageren, geräucherten Speck in Wasser aufsetzen, nach dem Aufkochen mit Salz, weißem Pfeffer und etwas Thymian würzen. Auf kleinem Feuer ungefähr eine Stunde kochen. Diese Erbsensuppe wird unpassiert mit dem in Scheiben geschnittenen Speck gereicht.

Rotkohl

1 Kopf Rotkohl
1 Zwiebel
50 – 60 g Gänsefett
3 Reinetten
Wacholderbeeren
Pimentkörner
Salz
Zucker
1 Eßl. Weinessig

Einen Kopf Rotkohl in Viertel schneiden, harte Blätter und Strunk entfernen, klein schneiden, waschen.
Eine Zwiebel abschälen, kleinschneiden. Das Gänsefett in einem eisernen Topf auslassen, die Zwiebel darin gelb dünsten. Die Reinetten schälen, das Kernhaus entfernen, in kleine Würfel schneiden. Kohl und Äpfel zu der Zwiebel geben. Mit ein paar Wacholderbeeren, Pimentkörnern, Salz und einer Prise Zucker würzen. 1 – 1 1/2 Stunden fest verschlossen auf kleinem Feuer dünsten lassen.
Wenn der Kohl gar ist, nochmals auf Salz und Zucker abschmecken, eventuell 1 Eßlöffel Weinessig zugeben.

Sauerampfer

Ein Kilogramm Sauerampferblätter von den Stielen streifen, mehrfach waschen, wie Spinat in Wasser aufkochen lassen, herausnehmen, abtropfen lassen. Die Sauerampferblätter ausdrücken, fein hacken.
Einen Eßlöffel Butter mit zwei Eßlöffeln Mehl abschwitzen, mit einem Viertelliter Wasser ablöschen, eine zerschnittene Zwiebel darin gar werden lassen. Den Sauerampfer in dieser Sauce erhitzen, mit Salz, Pfeffer und einer Prise Zucker abschmecken.

1 kg Sauerampferblätter
1 Eßl. Butter
2 Eßl. Mehl
1/4 l Wasser
1 Zwiebel
Salz, Pfeffer
Zucker

Sauerampfer in Butter (nach Fehér)

Nachdem der Sauerampfer von den Stielen gestreift und recht sauber gewaschen ist, blanchiert man ihn ganz kurze Zeit, wenn möglich in einem Kupfergeschirr, in leichtem Salzwasser und schreckt ihn in kaltem Wasser ab. Nach diesem hackt man das Gemüse mit dem Messer recht grob und schwitzt es in guter Butter, nachdem es noch mit Salz und Pfeffer gewürzt wurde, gar. Auf einer tiefen, runden, silbernen Gemüseschüssel angerichtet, garniert man den Sauerampfer mit dreieckigen frischen Brotcroutons oder auch mit weichen Eiern.

Sauerampfer
Butter
Pfeffer, Salz

Sauerkraut auf Berliner Art

Zwei Eßlöffel Schweineschmalz, zwei Eßlöffel Gänsefett auslassen.
500 g (nicht gewaschenes) Sauerkraut mit 2 Gabeln locker darüber ausstreuen.
500 g in Scheiben geschnittene sauer-süße Äpfel daraufschichten. Mit Majoran, einigen Wacholderbeeren und Pfefferkörnern, Zwiebelringen, 3 – 4 Nelken würzen. Mit Salz und Zucker abschmecken. Einen Schuß kochendes Wasser übergießen, auf kleiner Flamme dünsten lassen. Nach einiger Zeit eine rohe Kartoffel hineinreiben, umrühren, weiterkochen.
Sauerkraut wird heute nicht mehr so lange gekocht wie früher. 40 – 50 Minuten genügen.

500 g Sauerkraut
500 g Äpfel
2 Eßl. Schweineschmalz
2 Eßl. Gänsefett
1/2 Teel. Majoran
einige Wacholderbeeren
einige Pfefferkörner
1 Zwiebel
3 – 4 Nelken
Salz
Zucker
1 Kartoffel (roh)

Schwarzwurzeln

1 kg Schwarzwurzeln
Essig
1/8 l Wasser
Salz
40 g Butter
40 g Mehl
1/2 l Flüssigkeit (halb Wasser,
halb Milch)
1 Eigelb, Muskatnuß

Ein Kilogramm Schwarzwurzeln abschaben, sofort in Essigwasser legen (zwei Eßlöffel Essig in einem Liter Wasser). Die Schwarzwurzeln herausnehmen, abspülen, in fingerlange Stücke schneiden, in kochendem Salzwasser garkochen. 40 g Butter mit 40 g Mehl anschwitzen, mit einem halben Liter Flüssigkeit (halb Kochbrühe, halb Milch) ablöschen, aufkochen, die Schwarzwurzelstücke einlegen, das Gericht vom Feuer nehmen, einige Zeit ziehen lassen. Ein Eidotter mit etwas Wasser verrühren, an die Schwarzwurzeln geben, leicht unterrühren.
Mit geriebener Muskatnuß und Salz abschmecken.

Schwarzwurzeln (nach Fehér)

1 kg Schwarzwurzeln
Essig
Wasser
Bouillon

Die Schwarzwurzeln werden sauber geputzt, gewaschen und in einem leichten Essigwasser blanchiert. Danach kocht man sie in einer weißen, aber kräftigen Bouillon weich und serviert sie nach diesem Zeitpunkt abgetropft auf einer länglichen silbernen Schüssel. Vor dem Servieren übergießt man die bereits angerichteten Schwarzwurzeln mit einer echten, aber ziemlich dick gehaltenen Sauce hollandaise.

4 Eigelb
100 g frische Butter
Salz/Pfeffer
Zitronensaft

Sauce:
Vier Eidotter mit je einer Prise weißem Pfeffer und Salz in einer Schüssel über heißem Wasser abrühren, nach und nach die lauwarme Butter unter dauerndem Schlagen zugeben, bis sich eine cremige Sauce ergibt, die mit ein paar Tropfen Zitronensaft abgeschmeckt wird.

Blatt-Spinat

1 kg Spinat
3 Eßl. Butter
Salz
Pfeffer

Großblättrigen Spinat mit viel Wasser waschen, mit siedendem Wasser überbrühen und gut ausdrücken. Ein Drittel des Gemüses ganz lassen, zwei Drittel grob hacken. Butter erhitzen, den Spinat einige Minuten darin durchdünsten. Mit Salz und Pfeffer abschmecken.

Blick vom Kupfergraben auf das Schloß
Foto: um 1880

Teltower Rübchen

Eine Gemüsedelikatesse, die auf dem Sandboden der Mark Brandenburg angebaut wird. Ihre Zeit sind die Monate Juni und Juli.

750 g Teltower Rübchen
3 Eßl. Butter
2 Eßl. Staubzucker
1 Eßl. Mehl
Salz, Pfeffer
Zitronensaft

Die Rübchen sorgfältig abschaben und waschen, gut abtrocknen.
In einem flachen Geschirr zwei Eßlöffel Staubzucker bräunen, drei Eßlöffel Butter zugeben, verrühren. Die Rübchen nach und nach zugeben und bräunen. Einen Eßlöffel Mehl überstäuben, verrühren, mit einem Viertelliter kochendem Wasser oder Fleischbrühe ablöschen. Mit Salz, Pfeffer, Zitronensaft abschmecken und die Rübchen gar werden lassen, was längere Zeit erfordert. Eventuell mit kochender Flüssigkeit nachgießen.

Thüringer Kartoffelklöße

1 kg Kartoffeln
80 g Weizengrieß
3/8 l Milch
Salz
3 Eßl. Semmelbröckchen
30 g Butter

Kartoffeln schälen, in eine mit Wasser gefüllte tiefe Schüssel reiben. Nach einigen Minuten die Kartoffeln durch ein Tuch abgießen und darin auspressen. Das am Boden der Reibeschüssel abgesetzte Kartoffelmehl und eine Prise Salz unter die Kartoffelmasse mengen.
Je Kilo geriebener Kartoffelmasse 80 g Weizengrieß in 3/8 l Milch aufkochen und an heißer Stelle ausquellen lassen. Die heiße Grießmasse auf die Kartoffeln geben, durchmengen und Klöße formen.
3 Eßlöffel Semmelbröckchen in 30 g Butter rösten. Je 3 – 4 Bröckchen noch heiß in einen Kartoffelkloß eindrücken und den Kloß wieder schließen.
Einen großen Topf mit Salzwasser zum Kochen bringen. Jeweils einige leicht in Mehl gerollte Klöße einlegen. Nach dem ersten Aufkochen die Klöße nur noch auf schwacher Flamme ziehen lassen. Kochdauer etwa 15 bis 20 Minuten.
Nach dieser Zeit die Klöße mit einem Schaumlöffel herausheben, abtropfen lassen, warmstellen. Fortfahren, bis alle Klöße gekocht sind.
Zu diesem Gericht wird Backobst und gebratener Speck gereicht.

Salate

Gurkensalat

Eine schöne dunkelgrüne Salatgurke kurz vor dem Anrichten schälen und fein hobeln, leicht mit etwas Salz durchstreuen und nach ein paar Minuten das entstandene Wasser sacht ausdrücken (man kann es zum Salzen einer Suppe verwenden). Die Gurkenscheiben mit Pfeffer, Olivenöl und Zitronensaft abschmecken, mit Dill und fein gehacktem Borretsch bestreuen.

1 Salatgurke
Salz
Pfeffer
Olivenöl
Zitronensaft

Heringssalat

Zwei große Salzheringe, wenn möglich milcherne, wässern, ausnehmen, häuten. Das Fleisch aus den Gräten lösen, in kleine Würfel schneiden.
Zwei abgezogene Pellkartoffeln, eine kleine gargekochte und dann abgeschälte Sellerieknolle, eine saure Gurke, zwei geschälte Äpfel, zwei Eßlöffel Kalbsbraten in kleine Würfel schneiden.
Die Heringsmilch wässern, die Haut abziehen, durch ein Sieb drücken. Die Heringsmilch nun mit einer geriebenen Zwiebel, zwei Eßlöffeln Weinessig, tropfenweise Olivenöl und einigen Löffeln Sahne verrühren. Die Sauce verrühren, mit Pfeffer und etwas Zucker abschmecken.
Das Würfelgemisch in die Sauce geben, vorsichtig mischen. Den Heringssalat kaltstellen.
Vor dem Anrichten den Heringssalat mit Vierteln von hart gekochten Eiern und Radieschenscheiben garnieren.

2 milcherne Salzheringe
2 Pellkartoffeln
1 kleine Sellerieknolle
1 saure Gurke
2 Äpfel
(2 Eßl. marinierte Rote Bete)
250 g kalten Kalbsbraten
Heringsmilch
2 Eßl. Weinessig
Olivenöl
Sahne
Pfeffer
Zucker
2 hartgekochte Eier
Radieschen

Kartoffelsalat

Kleine gleichmäßige Kartoffeln in wenig Wasser mit etwas Kümmel garkochen, abziehen, noch heiß in Scheiben schneiden, mit heißer Fleischbrühe übergießen. Eine fein gehackte Zwiebel vorsichtig unterziehen, Salat-Sauce zugeben, mit Pfeffer und Salz abschmecken.
Vor dem Anrichten gehackten Schnittlauch überstreuen.

Salat-Sauce
Zwei bis drei Eßlöffel Olivenöl tropfenweise mit ein bis zwei Eßlöffeln Essig verrühren, mit Salz und kleiner Prise Zucker verrühren.

750 g kleine Kartoffeln
1/4 l Fleischbrühe
Essig
Olivenöl
1 Zwiebel
Schnittlauch
Salz, Pfeffer
Zucker

Kartoffelsalat mit Speck

Kleine gleichmäßige Kartoffeln in wenig Wasser mit Kümmel garkochen, abziehen, heiß in Scheiben schneiden. Eine Tasse heiße Fleischbrühe über die Kartoffelscheiben geben. Die Kartoffeln mit Salz, Essig und einer Prise Zucker abschmecken, warm stellen.
Ein Stückchen Speck in kleine Würfel schneiden, mit einer zerschnittenen Zwiebel hellgelb ausbraten und unter den Kartoffelsalat rühren.
Mit gehacktem Schnittlauch und Petersilie bestreut anrichten.

750 g Kartoffeln
1 Tasse Fleischbrühe
50 – 60 g Speck
1 Zwiebel
Essig
Salz
Zucker
Schnittlauch
Petersilie

Der Spittelmarkt von der Beuthstraße aus gesehen
Foto: 1909

Specksalat

Kopfsalat
durchwachsener Speck
Weinessig
Salz
Pfeffer

Kopfsalatblätter unter fließendem Wasser abspülen, alte Blätter und harte Blattstiele entfernen. Große Blätter teilen.

Kurz vor dem Anrichten Würfel von durchwachsenem Speck auslassen. Milden Weinessig warm werden lassen, mit Salz und Pfeffer abschmecken. Die heißen Speckwürfel zu dem warmen Essig geben. Die Speckmarinade ganz kurz vor dem Anrichten über die Salatblätter gießen.

Kompott

Apfelmus

Säuerliche Äpfel – Falläpfel geben ein vorzügliches Apfelmus – sauber waschen, ungeschält, aber Kernhaus, Stengel, Blüte und schlechte Stellen ausgeschnitten, in Viertel teilen und knapp mit Wasser bedeckt, weichkochen. Eventuell ein Stückchen Zimtrinde zugeben, nach dem Kochen herausnehmen. Die Äpfel durch ein Sieb geben.
Nach Geschmack mit Zucker und einigen Tropfen Zitronensaft abschmecken.

1 kg säuerliche Äpfel
Zucker
Zimtrinde
1 Zitrone

Birnen,

die kurz vor der Reife gepflückt werden, entwickeln einen besseren Geschmack, als wenn sie vollreif gepflückt werden. Sie reifen gut nach. Bei im Laden gekauften Birnen stellt man durch einen leichten Druck am Stengel fest, ob sie reif sind. Man wählt fehlerfreie, gut geformte, aber etwas plumpe Früchte.
Sind die gekauften Birnen noch unreif, so läßt man sie in einer braunen Tüte, in die man einige Löcher sticht, gut nachreifen.
Birnen eignen sich zu Kompott, zur Konservierung und zum Dörren.
Vorzügliche Sorten sind: Williams Christbirne, Butterbirne, Gute Luise, Pastorenbirne.

Birnen-Kompott

Williams Christbirnen
Zucker
Zitronenschale
Zitronensaft
Zimtrinde

Zum Birnen-Kompott wurde besonders gern die im September reifende Williams Christbirne gewählt, die einen ausgesprochenen Muskatgeschmack hat. Sie eignet sich auch gut zum Einmachen.

Die Birnen schälen, von Blüte und Stengel befreien, das Kerngehäuse herausschneiden, die Birnen halbieren.
– Manchmal ließ man die Birnen auch ganz, sie wurden dann am Stengel angefaßt gegessen. –
Die Birnen werden in wenig Wasser mit einem Stückchen Zitronenschale und einem Stückchen Zimtrinde gekocht; vor dem Anrichten mit Zucker und Zitronensaft abschmecken, die Gewürze herausnehmen.

Pflaumen oder Zwetschen?

Unter Pflaumen verstehen wir runde, ovale oder längliche, meistens blaue oder violette Früchte, doch es gibt auch eine rote (Viktoria) und eine gelbe Pflaume (Eierpflaume), aber alle Pflaumen haben runde Ecken. Ein wenig später als die Pflaumen reifen die Zwetschen. Eine richtige Hauszwetsche hat zwei spitze Enden, doch die „Bühler Zwetsche" oder „Zwetschge" hat nur ein spitzes Ende und ist somit – botanisch betrachtet – eine Pflaume. Niemand sieht jedoch „die Blaue Königin von Bühl" anders als eine Zwetschge an. Neben den „Bühler Zwetschgen" haben die tiefvioletten „Elsasser Quetschen" einen guten Namen. Das weiche Fleisch der Pflaumen lockt zum Rohessen, das festere der Zwetschen eignet sich gut zum Kochen und Einmachen, aber vor allem für unseren geliebten Pflaumenkuchen.
Wenn Sie Pflaumen oder Zwetschen kaufen wollen, so achten Sie darauf, daß die Früchte noch den leichten weißen Beschlag haben, der Ihnen sagt, daß die Früchte frisch gepflückt worden sind. Beugen Sie sich tief über den Obstkorb, dann verspüren Sie den frischen Duft, der von frisch gepflückten Früchten ausgeht, überreife Früchte haben diesen Duft nicht mehr.

Auf dem Spittelmarkt
Foto: 1913

Rhabarber-Kompott

Rhabarberstangen
Zucker
Zitronenschale

Rhabarberstangen waschen, dicke Schale abziehen, in Stücke schneiden, einige Zeit mit Zucker überstreut stehen lassen.
Wenn der Rhabarber Saft gezogen hat, die Stücke mit etwas Zitronenschale zum Kochen bringen, einige Minuten kochen lassen, aber die Stangen dürfen nicht zerfallen. Mit reichlich Zucker süßen, kalt stellen.

Rhabarber-Kompott (nach Fehér)

Rhabarberstangen
Zuckersirup
Nelken
Zimt
Weißwein

Rhabarberstangen in fingerlange Stücke schneiden, harte Schale abziehen, mit kochendem Wasser überbrühen.
Dicken Zuckersirup kochen, Zimt, Nelken, Weißwein zugeben, aufkochen.
Rhabarberstücke in den Sirup geben, einige Minuten auf kleiner Flamme ziehen lassen, abkühlen, auf Eis stellen.

Süßspeisen

Apfel-Charlotte

Das Wort „Charlotte" soll von dem jüdischen Wort „Schalet" und dieses wiederum von dem altfranzösischen „chauld" (warm) abgeleitet sein. Es gibt zahllose Variationen dieses Gerichts, aber unsere Berliner Charlotte unterscheidet sich von den meisten anderen Charlotten durch die Verwendung von Schwarzbrot und Pumpernickel.

Ein Kilo säuerliche Äpfel schälen, Kernhaus ausschneiden, in feine Scheiben schneiden, mit 3 – 4 Eßlöffeln Zucker, 80 g gewaschenen Rosinen, einem Stückchen Zitronenschale, einem Stückchen Zimt in ein wenig Weißwein dünsten, aber die Apfelscheiben nicht zerfallen lassen. Boden und Seiten einer runden Blechform mit reichlich Butter ausstreichen. Die Form abwechselnd mit einer Schicht von geriebenem Schwarzbrot und Pumpernickel mit Butterflöckchen bestreut und einer Schicht Apfelschnitten – Zitronenschale und Zimtrinde vorher entfernen – mit einem Eßlöffel Rum beträufelt, auffüllen. Die oberste Schicht aus geriebenem Brot sehr reichlich mit Butterflöckchen bestreuen.
Die Form im vorgeheizten Ofen ungefähr 30 Minuten backen. Damit die Kruste nicht zu hart wird, nach einiger Zeit ein Stück Papier über die Form legen.
Mit Zimt-Zucker überstreuen.

Pumpernickel/Schwarzbrot
Säuerliche Äpfel
Rosinen
Zimtrinde
Zitronenschale
Butter
Rum
Zimt- und Zuckermischung

Apfelreis

1 Tasse Reis
3 – 4 Äpfel
Rum
Zucker
Zitronenschale
Zitronensaft
Zucker, Zimt
Butter

Drei bis vier süß-säuerliche Äpfel schälen, Kernhaus herausnehmen, in feine Streifen schneiden, mit Rum und Zucker bedeckt ein Weilchen durchziehen lassen.

Eine Tasse Reis mit einem Stückchen Zitronenschale mit drei Tassen Wasser aufsetzen, kochen lassen, Äpfel zugeben und weiter kochen, bis der Reis körnig gekocht ist.

Mit Zitronensaft abschmecken, mit brauner Butter begießen, mit Zucker und Zimt bestreuen.

Arme Ritter

4 Scheiben Einback
1/4 l Milch
1 Ei
3 – 4 bittere Mandeln
Zucker
Butter zum Braten
Zucker, Zimt zum Bestreuen

Fingerdicke Scheiben von Einback in Milch – in die fein geriebene bittere Mandeln, Zucker und ein Eigelb verquirlt wurden – kurz einweichen, abtropfen lassen. In geriebener Semmel wenden und in einer Pfanne in Butter hellbraun braten.

Mit Zimt und Zucker bestreut reichen.

Rote Grütze

125 g Himbeeren
500 g Johannisbeeren
125 g Grieß
Zucker

Einen Teil Himbeeren und 4 Teile Johannisbeeren mit Wasser bedeckt aufkochen, durch ein feines Sieb geben.

Einen Liter von diesem Saft nach Geschmack süßen, zum Kochen bringen, 125 g Grieß langsam einlaufen lassen. Sobald sich die Speise verdickt, vom Feuer nehmen, auf warmer Platte ausquellen lassen.

Eine runde Tonform mit kaltem Wasser ausspülen, die Grütze einlaufen lassen, kalt stellen.

Vor dem Anrichten die Grütze aus der Form stürzen, mit kalter Milch oder Vanille-Sauce reichen.

Friedensallee mit Siegessäule
Foto: um 1900

Mohnpielen

500 g weißer Mohn
Milch
Zucker
Korinthen
Sultaninen
Mandeln
Semmeln

Feingeriebenen Mohn mit kochendem Zuckerwasser oder kochender Milch überbrühen, zu einem geschmeidigen Teig rühren. Den Teig mit ausgesuchten, in Rum ausgequollenen Korinthen und Sultaninen und abgezogenen, fein gehackten Mandeln mischen, mit Rum abschmecken.

Den Boden einer großen Glasschüssel mit feinen, durch heiße Milch gezogenen Semmelscheiben auslegen, darauf eine Schicht Mohn und auf diese wieder Semmelscheiben geben. Die letzte Schicht muß Mohn sein.

Kalt stellen und die Mohnpielen kalt reichen.

Weingelee

1/4 l Wasser
100 g Zucker
Stückchen Zitronenschale
14 Blatt Gelatine
3/4 l Moselwein
Zitronensaft
Zucker zum Abschmecken
Schlagsahne
Löffelbiskuits

Ein Viertelliter Wasser mit 100 g Zucker, einem Stückchen Zitronenschale aufkochen, Schale herausnehmen.

14 Blatt (halb weiße, halb rote) Gelatine in kaltem Wasser einweichen, ausdrücken, mit etwas heißem Wasser auflösen, in das heiße Zuckerwasser einrühren.

3/4 Liter Moselwein zugeben, mit Zitronensaft und Zucker abschmecken.

Das Weingelee in eine Glasschüssel geben, kalt stellen.

Vor dem Anrichten mit Schlagsahne garnieren. Löffelbiskuits dazu reichen.

Kuchen und Gebäck

Wenn wir als Kinder und auch später noch als Halberwachsene, mit ihr bei Josty Schokolade tranken und dabei die kleinen, bräunlich gerösteten Korianderbiskuits, die so leicht zerkrümeln und abbrechen, vorsichtig eintunkten, unterließ sie nie, uns zu sagen: „Ja, seht Kinder, solche Korianderbiskuits, daran hing euer Großvater Labry. Aber aus Schokolade machte er sich nichts. Er trank vielmehr jeden Tag um elf und um sechs ein Glas französischen Rotwein und aß dazu nichts als zwei solcher Biskuits, immer mit den zierlichsten Handbewegungen, und war überhaupt sehr mäßig."

Meine Kinderjahre
Theodor Fontane (1819 – 1858)

Löffelbiskuits

Drei Eigelb, den Zucker (weniger 1 Teelöffel) und eine Messerspitze vom Innern einer Vanilleschote mischen, schlagen, bis die Masse hellgelb und cremig geworden ist.
Drei Eiweiß mit einer Spur Salz, einem Teelöffel Zucker zu steifem Schnee schlagen.
Abwechselnd löffelweise Eischnee unter die Ei-Zuckermasse heben und Mehl überstreuen und vorsichtig untermengen, bis alles aufgebraucht ist. Von der fertigen Biskuitmasse acht cm lange Streifen mit einem Löffel auf das Backblech setzen. Zwischen den Streifen Platz lassen. Zwanzig Minuten im oberen Teil des Backofens abbacken, die Biskuits sofort vom Backblech abnehmen, auf einem Löschpapier abtrocknen lassen, mit Puderzucker bestreuen.

3 Eier
90 g Zucker
Salz
1/2 Messerspitze aus der Vanilleschote
60 g Mehl
Butter für das Backblech
Puderzucker

Echtes Nienburger Biskuit

Eigelb mit feinem Zucker, Schale von einer viertel und Saft von einer Zitrone, 1/2 Teelöffel feinen Kardamom dickschäumig rühren. Neun Eiweiß zu Schnee schlagen, Stärkemehl übersieben und untermengen.

Eierschnee vorsichtig in die Eigelb-Zuckermasse unterziehen. Die Masse in eine mit feinem und gröberem Semmelmehl ausgestreute Form füllen, bei milder Hitze eine Stunde backen.

Das fertige Biskuit in Scheiben schneiden.

16 Eigelb
250 g feiner Zucker
Schale von 1/4 Zitrone
Saft von 1 Zitrone
1/2 Teel. Kardamom
9 Eiweiß
100 g Stärkemehl
feines und gröberes Semmelmehl

Hefeteig (Grundrezept)

Erwärmtes mit Salz untermischtes Mehl in eine warme Schüssel geben, Zucker an den Rand streuen.

Hefe mit etwas lauwarmer Milch, einem Teelöffel Zucker und etwas Mehl anrühren.

Vertiefung in das Mehl drücken, Hefe hineingießen, Mehl und Zucker darüber streuen. Schüssel mit einem Tuch zudecken, warm – nicht heiß – stellen. 20 – 30 Minuten gehen lassen.

Ei in lauwarmer Milch verrühren, an das Hefestück rühren, mehr und mehr Mehl dazurühren, zuletzt das weiche Fett untermengen.

Den Teig schlagen, bis er Blasen wirft, ausrollen.

300 g Mehl
25 g Hefe
1 Prise Salz
60 g Zucker
60 g Butter oder Fett
lauwarme Milch

Der Wittenbergplatz; rechts im Hintergrund die Türme der Kaiser-Wilhelm-Gedächtnis-Kirche
Foto: 1904

Berliner Knüppel

500 g Weizenmehl
40 g Hefe
1 Teel. Zucker
1/2 Tasse lauwarmes Wasser

1/4 l lauwarmes Wasser
1/4 l lauwarme Milch
1 Teel. Salz
10 g Butter oder Margarine

Mehl zum Bestäuben
Fett für das Backblech
1 Tasse heißes Wasser für den Ofen,
Wasser zum Bestreichen der Knüppel

Angewärmtes Mehl in eine warme Schüssel geben.
Die Hefe mit einem Teelöffel Zucker in einer halben Tasse lauwarmem Wasser auflösen. Eine Vertiefung in das Mehl drücken, die aufgelöste Hefe hineingießen, mit dem Mehl vermengen. Einen Teelöffel Salz unter das Mehl mischen. Nach und nach je einen Viertelliter lauwarme Milch und lauwarmes Wasser und 10 g erwärmte Butter gut unterarbeiten, verkneten.
Sobald der Teig Blasen wirft, den Teig mit Mehl bestäuben, mit einem Tuch bedecken, 30 Minuten warm stellen.
Den aufgegangenen Teig nochmals durchkneten, zu einer Rolle formen. Aus der Rolle 15 Stücke schneiden, zu Bällchen formen, 4 – 5 Minuten ruhen lassen, dann flach drücken, von beiden Seiten einrollen, umdrehen, auf ein Backbrett legen, 10 Minuten gehen lassen. Umgedreht auf das heiße, eingefettete Backblech legen, mit Wasser bestreichen, im vorgeheizten Ofen auf mittlerer Schiene 15 bis 20 Minuten backen.
Vor dem Schließen der Ofentür vorsichtig eine Tasse heißes Wasser auf die Bodenplatte des Ofens gießen, die Tür sofort schließen.
Wenn sich das Anklopfen an die Unterseite der Knüppel hohl anhört, sind sie gar. Nach dem Herausziehen aus dem Backofen werden die Knüppel nochmals mit Wasser bestrichen.

Berliner Schusterjungen

400 g Roggenmehl
200 g Weizenmehl
30 g Hefe
3/8 l Wasser
Salz

Einen Hefeteig bereiten, gut abschlagen. Mit beiden Händen kleine runde Bälle formen, etwas plattdrücken, mit einer Speckschwarte abreiben, mit Mehl bestreuen, auf ein mit Mehl bestreutes Backblech legen und aufgehen lassen. Wenn sie genügend aufgegangen sind, nochmals mit Mehl bestreuen.
Die Schusterjungen im heißen Ofen in Mittellage ungefähr 20 bis 30 Minuten backen.

Berliner Pfannkuchen

Wie bei jedem Hefegebäck auch bei diesen Zutaten nach dem Grundrezept verfahren, nur daß man den Teig nach dem ersten Aufgehen nochmals durcharbeitet und wieder gehen läßt.

Den Teig ausrollen, mit einem Weinglas runde Scheiben ausstechen. Eine Scheibe mit einem Teelöffel Pflaumenmus belegen, eine andere Scheibe darauf legen, die Ränder festdrücken, mit Eiweiß bestreichen. Die Pfannkuchen auf ein mit Mehl bestäubtes Brett legen, zudecken.

Schmalz in einen Topf geben, zum Kochen bringen. Die Pfannkuchen in das kochende Schmalz geben, sobald sie sich bräunen, die Flamme kleiner stellen. Ein wohlgelungener Pfannkuchen hat ringsherum einen hellen Streifen und eine schöne braune Farbe.

Nach dem Herausnehmen auf einem Löschpapier abtropfen lassen, in Zucker wenden oder mit einem Zuckerguß überziehen.

500 g Mehl
100 g Zucker
100 g Butter
40 g Hefe
2 Eier
1/8 l Milch
Schmalz zum Backen
Zucker zum Bestreuen

Zuckerguß

Puderzucker feindrücken, sieben. Nach und nach mit der heißen Flüssigkeit verrühren, bis der Guß glatt ist. Die Beigabe von 1 – 2 Eßlöffeln Milch und ein bis zwei Tropfen Zitronensaft gibt dem Guß einen glänzenden Schein.
Der Guß wird sofort auf das Gebäck gestrichen.

300 g Puderzucker
4 – 5 Eßl. Wasser

Abgeriebener Napfkuchen

Butter mit Zucker schaumig rühren. Nach und nach drei bis vier Eier einrühren, Zitronensaft und abgeriebene Schale einer Zitrone, 1 Prise Salz zugeben. Weizenmehl und Stärkemehl mit dem Backpulver durchsieben.

Mehl und 1/8 l Milch abwechselnd zu der Butter-Zuckermasse geben, zu einem glatten Teig verarbeiten. Den Teig in eine mit Butter ausgestrichene und mit Semmelmehl ausgestreute Form füllen, fünfzig bis sechzig Minuten im mäßig warmen Ofen backen.

200 g Butter
250 g Zucker
3 – 4 Eier
1 Zitrone
Salz
375 g Weizenmehl
125 g Stärkemehl
1/8 l Milch
1 Backpulver
Butter zum Ausstreichen
der Napfkuchenform, Semmelmehl

Pflaumenkuchen

1500 g Pflaumen
150 g Zucker
1 Teel. Zimt

Einen Hefeteig bereiten, gut abschlagen, mit einem Tuch bedeckt aufgehen lassen.

Inzwischen ausgesuchte reife Zwetschgen waschen, abtrocknen lassen, halbieren, entkernen, warm stellen.

Den Hefeteig nach dem Aufgehen ausrollen, mit Butter bestreichen. Die Zwetschgenhälften, mit der Schnittseite nach oben, dicht beieinander auf dem Teig ausbreiten. Ein wenig mit Zimt vermischten Zucker über die Pflaumen streuen.

Je nach Qualität der Pflaumen 20 bis 30 Minuten backen.

Nach dem Backen reichlich Zucker überstreuen.

Sandtorte

200 g Butter
200 g Puderzucker
400 g Kartoffelmehl. 2 Eßl. abnehmen, stattdessen 2 Eßl. Weizenmehl zugeben
5 – 6 Eier
1 Prise Salz
1 Vanilleschote oder geriebene Zitronenschale
1 Teel. Backpulver
Butter zum Einfetten der Kuchenform

Butter schaumig rühren. Nach und nach einen Löffel Puderzucker und einen Löffel Kartoffelmehl mit Backpulver vermischt einrühren, bis alles aufgebraucht ist. Während des Rührens eine Prise Salz, das Innere einer Vanilleschote oder abgeriebene Zitronenschale zufügen, ein Ei nach dem anderen einrühren. Den Teig gleichmäßig im Uhrzeigersinn eine Stunde rühren und zuletzt einen Schuß Rum oder Arrak zugeben.

Den Teig nicht zu hoch in die Tortenform einfüllen, die bereits vor dem Beginn des Rührens ausgefettet und mit gefettetem Butterbrotpapier ausgelegt worden ist, damit sofort mit dem Backen begonnen werden kann.

Die Torte wird bei größerer Unterhitze als Oberhitze und anfangs geringer, dann stärkerer Hitze etwa 50 – 60 Minuten gebacken. Dann noch 10 Minuten im warmen Ofen stehen lassen.

Mit Zucker bestreuen.

Blick in die Spreestraße (nach 1931 Sperlingsgasse genannt)
Foto: um 1910

150 g Mehl
100 g Butter oder Fett
100 g Zucker
1 Messerspitze Backpulver
1 Messerspitze Zimt
1/2 Vanilleschote
Butter zum Bestreichen des Teiges
Staubzucker

Streuselkuchen

Einen Hefeteig bereiten, gut abschlagen, mit einem Tuch bedeckt gehen lassen. Inzwischen die Streusel bereiten. Mehl mit Backpulver, Zimt, dem Innern einer halben Vanilleschote und Zucker mischen, weiche Butter zu dieser Mischung geben, gut vermengen.

Mit einem Messer aus dieser Masse kleine Krümmel hacken, Mehl darüber streuen, schütteln. Die entstandenen Streusel auf den mit Butter bestrichenen Teig verteilen.

Den fertigen Streuselkuchen 20 – 30 Minuten backen, Staubzucker darüber streuen.

Weihnachtsbäckerei

Hirschhornsalz und Pottasche

sind alte Lockerungsmittel für Printen- und Lebkuchengebäck. Hirschhornsalz zerfällt in Kohlendioxyd und Ammoniak. Beide Gase haben eine große Treibkraft und sind daher als Lockerungsmittel für klebrig-schwere Teige besonders geeignet. Allerdings beeinträchtigt Ammoniak den Geschmack, so daß man Hirschhornsalz nur zu Kleingebäck, aus dem das Gas leicht entweichen kann, verwendet.

Für 1 Pfund Mehl braucht man 8 g Hirschhornsalz oder Pottasche.

Pottasche löst sich nur auf, wenn dem Teig eine Säure zugesetzt wird. Deshalb verwendet man sie zu Honig- und Siruprezepten, da Honig und Sirup Ameisen- bzw. Pflanzensäure enthalten. Das ist auch der Grund, warum alte Rezepte oft sehr verlangen, daß der Teig vor dem Abbacken wochenlang stehen soll. Es bilden sich dann nämlich Milchsäurebakterien, die die Pottasche auflösen, dann werden wieder Gase abgespalten, die lockernd wirken.

Christstolle

500 g Mehl
40 g Hefe
1 Teel. Zucker
150 g Butter
100 g Zucker
1/4 l lauwarme Milch
100 g Sultaninen, eingeweicht,
abgetrocknet
150 g süße Mandeln, abgezogen,
gestiftelt
10 bittere Mandeln, desgleichen
100 g Zitronat und Orangeat, zerhackt
Messerspitze Kardamom
1 kleines Glas Rum
Butter zum Bestreichen
Puderzucker zum Bestreuen

Das durchgesiebte, leicht erwärmte Mehl in eine Schüssel geben.

Hefe und 1 Teelöffel Zucker in 3 Eßlöffeln lauwarmer Milch auflösen.

Eine Vertiefung in das Mehl drücken, die aufgelöste Hefe hineingießen, die Hefe mit einem Drittel des Mehls verarbeiten. 100 g Zucker und 150 g Butter an den Rand der Schüssel plazieren, die Schüssel mit einem Tuch bedeckt warmstellen und den Vorteig 20 Minuten aufgehen lassen.

Nun eine Prise Salz unter das Mehl mischen, das mit Zucker, Butter und einem Viertelliter lauwarmer Milch (abzüglich der 3 Eßlöffel) und zuletzt mit dem Vorteig verarbeitet wird. Den Teig immer von oben abschlagen, so daß die Unterseite nicht nach oben kommt.

Wenn der Teig anfängt Blasen zu bilden, werden die Sultaninen, Zitronat und Orangeat, süße und bittere Mandeln, 1 Messerspitze Kardamom und ein kleines Glas Rum in den Teig verarbeitet.

Den Teig zu einer länglichen Rolle formen, mit einem Tuch bedecken, warm stellen.

Nach ca. 30 Minuten eine Mulde in die Rolle drücken, die höhere Seite über die niedrigere Seite überschlagen und einrollen, so daß eine Stolle entsteht. Die Stolle auf ein bemehltes Blech heben und sofort backen.

Backzeit etwa 10 Minuten bei stärkerer und 40 bis 50 Minuten bei schwächerer Hitze. 10 Minuten im abgekühlten Ofen lassen.

Die fertige Stolle mehrfach mit flüssiger Butter bestreichen, mit Puderzucker bestreuen.

Die Jungfernbrücke. Älteste Brücke Berlins
Foto: ca. 1910

Honigkuchen

450 g Honig oder Kunsthonig
300 g Zucker
75 g Schmalz
750 g Mehl
200 – 225 g süße Mandeln
10 bittere Mandeln
10 g Zimt
6 g Nelken
1 Prise Salz
abgeriebene Schale einer halben Zitrone
10 g Pottasche
1 1/2 Eßl. Wasser
1 Ei zum Bestreichen
Zitronat zum Belegen
Mandeln zum Belegen

Honig, Zucker und Schmalz flüssig werden lassen.

Die süßen Mandeln und 10 bittere Mandeln abziehen, die süßen Mandeln hacken, die bitteren reiben. Mandeln, Zimt, zerstoßene Nelken, Salz, abgeriebene Schale 1/2 Zitrone zu dem durchgesiebten Mehl geben und diese Mischung zu der flüssigen Honigmischung geben und gut verarbeiten. Zuletzt 10 g in 1 1/2 Eßlöffeln Wasser aufgelöste Pottasche gut einarbeiten.

Den Teig auf ein mit Bienenwachs gefettetes Blech legen, ausstreichen, mit zerquirltem Ei bestreichen, mit Mandeln und Zitronat belegen.

Honigkuchen wird auf mittlerer Schiene bei milder Hitze gebacken, da er sonst hart wird.

Den Honigkuchen, der nicht gleich gegessen wird, bewahrt man in einem Steintopf auf.

Ingwerkekse

1 Eßl. fein zerriebenen Ingwer
250 g Mehl
250 g Puderzucker
2 Eier
2 Eigelb
Wachs für das Blech

Eier, Eigelb und Puderzucker im Wasserbad so lange schlagen, bis die Masse dick wird – sie darf nicht kochen. Einen Eßlöffel feingeriebenen Ingwer zugeben und rühren, bis die Masse erkaltet ist. Mehl unterziehen, den Teig gut durchkneten, dünn ausrollen, mit einem Wasserglas ausstechen.

Die Plätzchen auf ein mit Wachs bestrichenes Blech legen. Das Blech zuerst an warmer Stelle noch eine zeitlang ruhen lassen, dann die Kekse goldbraun backen.

Hausgemachtes Marzipan

Echtes Marzipan darf nur zwei Drittel süße geschälte Mandeln und ein Drittel reinen weißen Zucker enthalten. Der Feuchtigkeitsgehalt soll 17 Prozent nicht überschreiten. Dieser Rohmasse kann dann die gleiche Menge Zucker zugesetzt werden.

Wenn „die perfekte Köchin" an die Weihnachtsleckereien für ihre Lieben dachte, so nahm sie auch vorsorglich Bedacht auf die Mägen und bereitete nicht zu schwere Dinge.

Ihr Marzipan bestand aus 250 g gebrühten, abgezogenen süßen und 10 – 12 bitteren Mandeln, die 2 – 3 mal durch die Mandelmühle liefen, dann mit 125 g Staubzucker und 2 knappen Eßlöffeln Rosenwasser über schwachem Feuer gerührt wurden, bis sich die Masse ballte.

Wenn sich die Masse abgekühlt hatte, so wurden noch einmal 125 g Staubzucker eingeknetet und kleine Bällchen geformt, die in Kakaopulver gerollt wurden. Damit sie kleinen Kartoffeln ähnlich sahen, wurden sie hier und da mit einem Streichholz ein bißchen eingedrückt und erhielten einen Schokoladenkrümel als Auge.

250 g süße Mandeln
10 – 12 bittere Mandeln
Rosenwasser
250 g Staubzucker
Kakaopulver
Schokoladenkrümel

Nürnberger Lebkuchen

Eier mit Zucker schaumig rühren. Nacheinander abgezogene, im Ofen leicht angeröstete, grob gehackte Mandeln, Zimt, Nelkenpulver, Kardamom, etwas geriebene Muskatnuß, geriebene Zitronen-Schale, gehacktes Zitronat und Orangeat zugeben und zuletzt mit Backpulver vermischtes Mehl unterziehen. Die Masse gut durcharbeiten, auf längliche Oblaten streichen.

Die einzelnen Stücke mit einem Streifen Zitronat verzieren, mit Zucker bestreuen, im mittelheißen Ofen backen.

5 Eier
250 g Zucker
125 g Mandeln
1 Teel. Zimt
1/2 Teel. Nelken, zerstoßen
1/4 Teel. Kardamom
etwas geriebene Muskatnuß
geriebene Schale von 1/2 Zitrone
100 g gehacktes Zitronat und Orangeat
10 g Backpulver
250 g Mehl
Zucker zum Bestreuen
Zitronat zum Verzieren

Braune Pfeffernüsse

Braunen Sirup mit Zucker in einer Schüssel auf der warmen Herdseite auslassen, 60 g halb Butter, halb Schmalz dazugeben und gut verrühren. Durchgesiebtes Mehl mit Zimt, Kardamom, zerstoßenem Nelkenpfeffer und Backpulver mischen.
Die Sirupmischung auf das Mehl gießen und gut durcharbeiten.
Daumendicke Röllchen formen, Stücke abschneiden, auf ein gefettetes Blech legen und bei milder Hitze 15 – 20 Minuten backen.

250 g brauner Sirup
200 g Zucker
60 g halb Butter, halb Schmalz
500 g Mehl
1 Teel. Zimt
1/4 Teel. Kardamom
1/4 Teel. Nelkenpfeffer
1 Päckchen Backpulver

Weiße Pfeffernüsse

Zucker mit Eiern schaumig schlagen. Abgezogene Mandeln und Zitronat fein hacken, 1 Teelöffel gemahlener Zimt und 1/2 Teelöffel gemahlene Nelken zu dem durchgesiebten Mehl geben, mit der Zucker-Eier-Mischung verarbeiten und die in 1 1/2 Eßlöffeln Wasser aufgelöste Pottasche einarbeiten.
Den Teig über Nacht kaltstellen. Am anderen Tag den Teig einen halben cm dick ausrollen und Pfeffernüsse ausstechen.
Die Pfeffernüsse über Nacht abtrocknen lassen, dann bei mittlerer Hitze 20 – 30 Minuten backen.

250 g Zucker
2 Eier
60 g süße Mandeln
60 g Zitronat
1/2 Teel. gemahlene Nelken
1 Teel. gemahlener Zimt
250 g Mehl
1 Messerspitze Pottasche
1 1/2 Eßl. Wasser
Bienenwachs oder Fett für das Blech

Zuckerguß für Pfeffernüsse

Statt Pfeffernüsse mit Staubzucker zu bestreuen, kann man sie auch mit einem Zuckerguß überziehen. In diesem Fall rührt man durchgesiebten Staubzucker mit 2 – 3 Eßlöffeln heißem Wasser an, fügt entweder 3 – 4 Tropfen Zitronensaft oder einige Tropfen Rum zu und verrührt alles zu einem dicken Guß, den man über das Gebäck streicht.

200 g Staubzucker
2 – 3 Eßl. heißes Wasser
3 – 4 Tropfen Zitronensaft oder
einige Tropfen Rum

Potsdamer Brücke mit Blick in die Potsdamer Straße
Foto: um 1900

Eberswalder Spritzkuchen

Die Eberswalder Spritzkuchen sind ein seit jeher beliebtes Gebäck in Berlin.

1/4 l Milch
80 g Butter
150 g Mehl
Salz
1 Ei
3 zerquirlte Eier
1 Messerspitze Hirschhornsalz
Schweinefett zum Backen
200 g Puderzucker
1 Eßl. Rosenwasser

Einen Viertelliter Milch mit Butter und Salz zum Kochen bringen. Das Mehl auf einmal einschütten, rühren, bis sich der Teig vom Boden löst. Hitze ausschalten. Weiter rühren, bis sich ein Kloß bildet. Abkühlen lassen, dann ein Ei in den Teig einrühren. Drei weitere Eier zerquirlen, eine Messerspitze Hirschhornsalz einrühren. Die Eier nach und nach zu einem zarten, nicht zu dünnen Teig zugeben.

Schweinefett heiß werden lassen. Ein Stück Pergamentpapier etwas kleiner als Topfgröße ausschneiden, durch das heiße Fett ziehen, auf einen Teller legen. Mit der Kuchenpresse 3 – 5 runde Kränze auf das Papier pressen, das Papier ins Fett gleiten lassen, die Spritzkuchen schwimmend goldgelb backen. Mit dem Schaumlöffel herausheben, auf Löschpapier abtropfen lassen.

200 g Puderzucker mit 1 Eßlöffel Rosenwasser verrühren, die Spritzkuchen mit diesem Zuckerguß bestreichen.

Einmachen

Kürbis, sauer-süß

Einen gelben Kürbis teilen, dick abschälen, Kerne und Kernfleisch mit silbernem Löffel entfernen. Das feste Kürbisfleisch in Würfel oder Streifen schneiden, mit verdünntem Essig übergießen.

Am nächsten Tag den Kürbis abtropfen lassen. Einen Liter Weinessig mit einem Kilogramm Zucker zum Kochen bringen, Schale einer Zitrone, ein Stück Ingwer zugeben. Kürbis portionsweise in dem Essig glasig kochen, in große Gläser füllen. Den restlichen Essig etwas einkochen, über den Kürbis füllen. Die Gläser noch heiß mit Pergamentpapier zubinden.

2 kg Kürbis, bereits vorbereitet
1 l Essig/Weinessig
1 l Wasser
1 kg Zucker
1 Zitrone
1 Stück Ingwer

Pflaumenmus nach Berliner Art

Kleine tiefblaue, reife Zwetschgen waschen, halbieren, entsteinen. Mit ein wenig Wasser in einem großen Messingkessel ansetzen, ein weißes Säckchen mit einer Zimtrinde und einigen Nelken in den Kessel hängen. Unter beständigem Rühren zwei bis drei Stunden kochen.
Vorsicht, das Pflaumenmus spritzt beim Kochen!

In Österreich heißt Pflaumenmus Powidl.
Das Pflaumenmus wird dort nach folgendem Rezept eingekocht: Vier Kilo vorbereitete Zwetschgen mit 1 Kilogramm Zucker und 1/8 l Essig mischen, 23 Stunden stehen lassen, dick einkochen.

Zwetschgen
Zimtrinde
Nelken

oder
Zwetschgen
1 kg Zucker
1/8 l Essig

Quittengelee

Quitten
Zucker

Quitten, wenn sie durch längeres Liegen nachgereift sind, mit einem rauhen Tuch gut abreiben. Blüte und Stengel ausstechen. Die Früchte in Viertel teilen, Kerngehäuse herausschneiden, Kerne sorgsam in ein Leinenbeutelchen sammeln.

Die Quittenstücke, mit kaltem Wasser gut bedeckt, aufsetzen, das Kernbeutelchen in den Topf hängen.

Nach dem Weichkochen die Masse auf ein Filtriertuch geben. Den durchgelaufenen Saft mit Zucker – je Liter Saft 1 1/2 Pfund Zucker – ca. 20 – 30 Minuten einkochen.

Geleeprobe machen.

Das Gelee muß rosig und klar sein.

Rote Bete

Rote Rüben
ein Stück Meerrettich
Kümmel
Weinessig

Kleine dunkelrote, glatte Rüben unter fließendem Wasser abbürsten. Stengel und Wurzel nicht zu kurz abschneiden, damit die Rüben nicht ausbluten. Die Rüben in Salzwasser weichkochen oder im Ofen abbacken. Erst dann schälen, in Scheiben schneiden. Die Scheiben mit Meerrettichstückchen und etwas Kümmel in einen Steintopf einlegen, mit heißem, mildem Weinessig begießen. Der Essig muß über den eingelegten Rüben stehen.

Den Steintopf mit Pergamentpapier zubinden, kühl stellen.

Leipziger Straße an der Ecke Mauerstraße
Foto: 1909

Rumtopf

Ein Teilchen von dem Ertrag eines großen Gartens – bei dessen Anlage der Besitzer einer weltbekannten Baumschule bei Berlin, der Ökonomierat Späth, mit seinen Bäumchen und seinem Rat mitgewirkt hatte – wurde in jedem Jahr in dem großen Rumtopf konserviert. Er stand wohlweislich unter Schloß und Riegel im Keller.

Erdbeeren
Himbeeren
Johannisbeeren
Aprikosen
Pfirsiche
Kirschen
Birnen
Melonen
Zucker
Rum

Die Prozedur begann an einem Frühlingsmorgen mit den ersten Erdbeeren, die geputzt und trocken abgewischt eingelegt wurden. Es folgte der erste Schuß Rum und die erste Zuckerbeigabe, die sie bedeckte, bis die Himbeeren und Johannisbeeren an die Reihe kamen. Mit jeder Frucht folgte auch eine neue Zuckerschicht und eine neue Rumbeigabe. Im Jahresverlauf waren dann die Aprikosen und die Pfirsiche an der Reihe, alles taufrische Früchte, ohne die geringste Druckstelle. Sie wurden abgezogen, entsteint und in Viertel geteilt, eingelegt. Dann war die Zeit für die Sauerkirschen gekommen, die entsteint eingelegt wurden. Bald darauf erschienen die kleinen aromatischen Birnen, die abgeschält, in Viertel geschnitten, erst 2 – 3 Minuten in Zuckerwasser gedünstet, eingelegt und mit dem nötigen Zucker und Rum bedeckt wurden. Den Schluß bildeten die festen kleinen Würfel von Zuckermelonen. Ein umgedrehter Teller hielt die Früchte unter dem Niveau des Rums, und ein großes Pergamentpapier, das rundum von einem Gummiband festgehalten wurde, sorgte für einen guten Abschluß.

In der ersten Zeit wurden die Früchte täglich mit einem silbernen Löffel umgerührt und wieder sorglich verschlossen. Aber alle Mühe lohnte sich: zwei Wochen nach der letzten Frucht standen die Rumfrüchte in ihrem granatroten Saft in einer eigens für sie bestimmten kleinen Glasschüssel mit einem Deckelchen, das das starke Aroma bewahrte, auf dem Tisch.

Senfgurken

Reife grün-gelbliche Gurken schälen, halbieren, mit silbernem Löffel das Innere säubern, in schräge Streifen schneiden.

Die Stücke mit Salz bestreut 24 Stunden stehen lassen, zum Abtropfen auf ein Sieb legen.

Weinessig mit Zucker aufkochen, abkühlen lassen. Eine Zwiebel schälen, in feine Scheiben schneiden, Gurkenstücke abwechselnd mit Zwiebeln, Pfeffer- und Gewürzkörnern, Lorbeerblattstückchen und Senfkörnern in Steintöpfe einlegen, erkalteten Essig übergießen, einige Dillstengelchen auflegen.

Die Steintöpfe mit Pergamentpapier verschlossen aufbewahren.

2 kg reife Gurken
Salz
1/2 l Wasser
1/2 l Weinessig
1 – 2 Zwiebeln
einige Gewürzkörner
Pfefferkörner
Lorbeerblatt
Zucker
Senfkörner
Dillstengel

Register

Vor dem Denkmal des Markgrafen Albrecht II.
Foto: 1901

Das Borsig-Relief am Eckhaus Tieckstraße/Ecke Borsigstraße
Foto: um 1915

Im gleichen Format sind bisher im Kunstverlag Weingarten erschienen:

Elisabeth und Tassos Kitsakis
Zu Gast in Griechenland
Die Spezialitäten der griechischen Küche
131 Seiten mit 73 Abbildungen, davon 51 Farbfotos, Pappband.
Griechenlands Küche ist eine der ältesten der Welt. Viele der klassischen
Zubereitungsarten haben sich bis heute erhalten. Elisabeth und Tassos Kitsakis
sammelten in Griechenland die traditionellen Rezepte, die in den Familien
heute noch angewandt werden.

Monique Lichtner
La cuisine provençale
mit Bildern von Werner Lichtner-Aix
191 Seiten mit 41 farbigen und 4 einfarbigen Abbildungen, Leinen.
Monique Lichtner hat während vieler Jahre bei zahlreichen alteingesessenen
Familien manches Vergessene der provençalischen Küche wieder entdeckt. In
230 Rezepten von Spezialitäten und traditionellen Gerichten gibt sie originale
Geheimnisse provençalischer Kochkunst preis.

Monique Lichtner
Knoblauch, Kräuter und Oliven
Spezialitäten der provençalischen Küche mit Bildern von Werner Lichtner-Aix
175 Seiten mit 35 farbigen Abbildungen, Leinen.
Das Licht und die Düfte der Provence, eingefangen in 35 Aquarellen und mehr
als 200 Spezialitätenrezepten. Durch Suppen, Vorspeisen, Fisch- und Fleisch-
hauptmahlzeiten, erlesene Gemüse und Salate, Saucen, aber auch durch
selbsthergestellte Kräuterliköre, Senf und Essig gelangt die aromatische Küche
des Mittelmeerraumes voll zur Entfaltung.

Jacques Médecin
Die Küche von Nizza
Traditionelle Kochrezepte der Grafschaft Nizza
216 Seiten mit 36 farbigen Aquarellen, Leinen.
Nizza, die Perle des Mittelmeeres, hat bis heute die Tradition seiner Kochkunst
bewahrt. Jacques Médecin bringt in über 300 Rezepten die Lebenskunst,
Tradition von Gastfreundschaft und Glück zum Ausdruck. Die Gaumenfreuden
werden ergänzt durch Aquarelle des in Nizza lebenden Künstlers Saorge.

Heidi Meyer-Küng (Hrsg.)

Die große Küche Italiens

Meisterrezepte der besten Restaurants zwischen Piemont und Sizilien

Mit einer Einleitung von Massimo Alberini

168 Seiten mit 24 Farbfotos von Peter Meyer und 8 einfarbigen Abbildungen, Pappband.

170 Meisterrezepte der besten Restaurants zwischen Piemont und Sizilien und 24 ausgewählte Farbfotos italienischer Landschaften und Gastronomie, das sind die „Zutaten" für dieses außergewöhnliche Kochbuch. Massimo Alberini, der Kenner der italienischen Küche, schrieb die einleitenden Texte zu den vielseitigen, von Region und Tradition geprägten, bis dahin gehüteten „Erfolgsrezepten" ausgezeichneter italienischer Restaurants.

Jutta Radel

Zu Gast in Israel

Eine kulinarische Reise. Jüdische und orientalische Spezialitäten, originelle Rezepte, alte und neue Eßgewohnheiten. Mit Bildern von Dan Rubinstein

198 Seiten mit 37 farbigen und 11 einfarbigen Abbildungen, Leinen.

Israels Küche ist so international wie seine Bewohner. Jutta Radel führt in einer kulinarischen Reise durch das Land, in dem sich alte und neue Zeit ständig begegnen. In rund 240 Rezepten entfaltet sich die Küche des Abendlandes und des Orients zugleich. Die Vielfalt israelischer Landschaft und der Menschen wird in den Aquarellen des israelischen Künstlers Dan Rubinstein eingefangen.

Wang Yanrong (Hrsg.)

Kochkunst in China

mit Tuschmalereien von Li Shiji und Chen Ting

Vorwort von Erika Schödel. Aus dem Chinesischen von Mai Zhanxiong in Zusammenarbeit mit Kathe Dschao. 160 Seiten mit 32 farbigen Tuschmalereien, 23 Zeichnungen und 4 Farbfotos, Leinen.

Ein echtes chinesisches Kochbuch, für das sämtliche Texte und Abbildungen in China entstanden. Die original chinesische Küche entfaltet sich in mehr als 120 Rezepten einfacher wie exquisiter Gerichte. „Kochkunst in China" vermittelt die einmalige Kunst der Vorbereitung von Zutaten und der Zubereitung typischer Gerichte. Die Koch- und Zubereitungsmethoden einschließlich der Schneidkunst als wesentlicher Teil chinesischer Kochkunst werden detailliert in Wort und Bild beschrieben.